交通运输行业高层次科技人才培养项目著作书

长江口
深水航道冲淤演变与回淤研究

刘 杰◎著

CHANGJIANGKOU
SHENSHUI HANGDAO CHONGYU YANBIAN YU HUIYU YANJIU

海洋出版社
2014年·北京

图书在版编目（CIP）数据

长江口深水航道冲淤演变与回淤研究/刘杰著. —北京：海洋出版社，2014. 12
ISBN 978 – 7 – 5027 – 9006 – 6

Ⅰ. ①长…　Ⅱ. ①刘…　Ⅲ. ①长江口 – 深水航道 – 河道淤积 – 研究 ②长江口 – 深水航道 – 回淤 – 研究　Ⅳ. ①TV882. 2 ②U617. 6

中国版本图书馆 CIP 数据核字（2014）第 281309 号

责任编辑：常青青
责任印制：赵麟苏
海洋出版社　**出版发行**
http://www. oceanpress. com. cn
北京市海淀区大慧寺路 8 号　100081
北京画中画印刷有限公司印刷
2014 年 12 月第 1 版　2014 年 12 月第 1 次印刷
开本：787 mm × 1092 mm　1/16　印张：7
字数：148 千字　定价：58. 00 元
发行部：62132549　邮购部：68038093
总编室：62114335　编辑室：62100038

序 言

河口是一个复杂的自然综合体，在地球系统中能体现全球的变化，也能敏感地响应流域的自然变化和人类活动的影响。21世纪我国诸多入海河口面临着流域来沙减少、污染物质增多、人类活动增强等多方面的挑战。作为我国最大、世界第三、地处长江三角洲经济发达区域的长江河口，更是受到深水航道治理、土地资源开发和淡水资源利用的显著影响。

人类活动已成为第三驱动力，在河口变化过程中发挥着越来越重要的作用。因此，河口如何才能健康地发展，怎样体现人与自然的和谐，是河口研究的理论基础和实践目标。1998年开始实施的长江口深水航道治理，打通了横亘在河口的北槽拦门沙，极大地改善了入海航道的通航条件。但是，作为河口过程的一种响应，却出现了明显的回淤问题，给深水航道维护带来了压力，迫切需要进一步深入开展分析与研究工作。

本书作者多年跟踪长江口深水航道治理研究与实践，基于对长系列原型观测资料的分析总结，编撰形成了《长江口深水航道冲淤演变与回淤研究》一书。本书是长江口深水航道动力沉积与动力地貌方面的第一本系统性著作，从航道治理角度揭示了新情势下长江河口的重大工程响应，有助于进一步深入理解和掌握长江口的演变规律，对以后的长江口整治开发与航道治理具有重要的参考价值和启发。

中国工程院院士：陈吉余

2014年11月

前 言

万里长江是我国横贯东西的黄金水道，然而长江丰富的来沙却在河口塑造了一个巨型的“拦门沙”系。面对长江河口，水利专家钱正英曾如此兴叹“茫茫无边的江面，冲淤不定的沙洲，动荡变化的河势”。为打通长江口，发挥长江“黄金水道”的作用，自1958年起，一大批专家学者经过近四十年的努力，基本摸清了长江口河床演变的基本规律，提出了长江口深水航道的治理方案。1998年1月，长江口深水航道治理工程正式开工。

进入21世纪以来，随着三峡工程的建设，以及河口区域内的水土、航道和岸线资源的开发利用，长江河口的边界条件正发生深刻变化，河口演变逐渐处于“人工控制”之下。然而，河口河槽如何适应或反馈人类的影响？新时期长江口的演变趋势如何？诸如此类的问题均需在当前的河口治理开发工程实践中进行总结与思考。正是在这样的背景下，本书作者试图对工程规模巨大、技术问题复杂的长江口深水航道冲淤演变和回淤问题进行分析，以进一步加深对长江口深水航道近期演变规律的认识。

本书主要利用长江口深水航道治理工程实施以来的观测资料，对长江口北槽河床的冲淤演变过程和航道回淤变化特征，以及12.5 m航道水沙输移特性、浮泥发育与运移规律、航道洪枯季回淤变化的动力机制等问题进行研究，供有一定专业背景的读者参考。

本书得到了交通运输部“交通青年科技英才”人才培养项目（2010—2011年度）的资助，使用了交通运输部长江口航道管理局提供的大量现场观测资料。在编写过程中，得到了上海河口海岸科学研究中心吴华林研究员和华东师范大学恽才兴教授、戴志军教授的帮助，上海河口海岸科学研究中心赵德招、程海峰、王珍珍、王元叶、李为华、王钟寅、顾峰峰、万远扬等同志参加了部分研究工作。在此，作者对上述给予支持、帮助的单位和个人一并致以诚挚的谢意。

长江河口河床演变和航道回淤问题极其复杂，本书仅是从一个侧面或者一个角度来揭示一些现象或规律，诸多问题有待后续深入研究。鉴于作者有限的知识积累和研究能力，本书难免存在疏漏、不当和错误之处，恳请广大读者和同行批评指正。

目　录

第1章　绪论

河口是海陆相互作用的界面，又是河海运输的纽带。由于河口拦门沙的存在，河口航道的自然水深往往较内河和海洋小。随着商品经济的发展和贸易量的增长，船舶日趋大型化，河口拦门沙航道已严重制约航运事业的发展。19 世纪中叶前后，世界资本主义发展较早的国家已着手河口航道的治理工作。早期的河口航道治理，由于对河口河床演变的认识还不够，以及现场监测手段和模型试验技术的不完善，世界不少河口航道的治理都经历了曲折和反复，前后持续了几十年甚至上百年，有时还甚至不得不将已修建好的建筑物予以拆除和放弃，如法国的塞纳河口、美国的密西西比河西南水道等。实践经验表明，随着河口航道治理工程的实施，河口河床将经历一个复杂的演变过程。通过现场水下地形和水文监测数据的对比分析，可进一步探寻这些变化的原因和趋势，评价工程效果和人类活动的影响。

长江口航道治理是我国水运交通行业关注的热点，也是世界河口航道治理的难点。长江河口的独特性和复杂性，决定着其拦门沙航道治理难度很大，国内外河口航道治理的方案和经验不可照抄照搬。为此，1958 年起以严恺、陈吉余、窦国仁院士为代表的老一辈专家、学者和工程师，围绕长江口拦门沙的成因、演变规律及深水航道选槽等开展了较为系统的研究。在借鉴国内外河口拦门沙航道整治经验的基础上，陈志昌等（1995）通过模型试验论证了长江口深水航道治理工程的布置方案。上述研究成果为 1997 年国家最终决策实施这项工程提供了重要的技术支撑。

1.1　河口拦门沙航道治理

1.1.1　河口与拦门沙

从广义上讲，河口是指河流的出口，包括支流汇入干流的支流河口，注入湖泊的入湖河口以及注入海洋的入海河口。入海河口因其位置的重要性、资源的丰富性、动力条件的复杂性，而成为国内外河口研究的重点。

国内外研究人员对入海河口提出过不同的定义和分类，但目前引用较多的为 1967 年普里查德（Pritchard）的定义。他认为入海河口为一个半封闭的海岸水体，在此水体内海水受到来自流域淡水某种程度的冲淡。从上述河口定义可知，河口是河流与海洋衔接的区域，它既包括受海洋因素影响的河流下段，又包括受河流因素影响的滨海段。

根据河流与海洋情势的对比，可将河口划分为三段：河流近口段、河流河口段和口外海滨段。河流近口段通常指潮区界和潮流界之间的河段，潮汐作用使这一河段的水位产生有规律的涨落，但水流的流向始终指向河流下游。河流河口段通常指潮流界至口门的区段，在此范围内，径流和潮流两种力量相互作用。愈向上游，径流作用愈显著；愈向下游，潮流作用愈加强。口外海滨段通常指口门至水下三角洲前沿的区域，在此范围内，河流因素趋于消失，潮流和波浪起主导作用。从咸水界的变动范围，又可将河口分为河流段、过渡段和海洋段。河口的上游段为河流段，该段主要为淡水控制，但每天经受潮汐的影响。河口中游段为过渡段，此段盐淡水发生混合。河口下游段为海洋段，该段与开阔的海洋自由连通。因此，从动力因子来看，入海河口受到河流、海洋及其两者叠加动力因子的影响，包括径流、潮流、波浪、沿岸流和盐淡水异重流等，河口的发育演变也较河流或海岸复杂得多。

在河口段或口外海滨段，由于河道的突然展宽和河口环流存在，导致水流速度减缓，输沙能力降低，因而泥沙较易沉积，形成在地貌上隆起的单元，也称河口成型淤积体。淤积部位在口门以外或附近的称为拦门沙，深入河口段以内的称为沙坎。拦门沙通常发育在径流强且来沙量较大的三角洲河口口门附近，如美国的密西西比河口、中国的长江河口等。沙坎通常发育在径流弱且来沙量小、潮流强的河口湾内，如法国的塞纳河口、英国的默塞河口和中国的钱塘江河口。20 世纪 80 年代，黄胜在 Simmons 和 Brown（1969）及 Officer（1975）的研究基础上，考虑径流、潮流和泥沙因素，将河口划分为四种类型，并对我国 20 多个河口进行重新分类，通过河口类型和地貌形态对比发现，强混合海相河口形成沙坎，缓混合海相河口、强混合陆相河口、缓混合陆海双向河口均形成拦门沙。通过对河口盐淡水混合类型的划分发现，具有拦门沙的河口，咸淡水混合基本属于缓混合型及弱混合型；具有沙坎的河口大多为强混合型。Wright，L. D.（1985）进一步分析了不同河口混合类型产生的环流模式对悬沙输移的影响，认为弱混合类型盐水楔顶端的快速沉积带、缓混合类型盐水入侵略向下游的最大混浊带都与拦门沙的发育密切相关。张志忠等（1995）分析了长江口动水絮凝沉降与拦门沙淤积的关系。韦直林等（2002）认为，在缓混合或弱混合型河口，盐水入侵是拦门沙形成的必要条件。熊绍隆（2011）系统分析国内外 68 条河流入海河口的资料，采用径、潮流比值和径、潮流含沙量比值作为主要分类指标，根据河口形态与成因相结合的原则，将潮汐河口划分为河口湾型、过渡型和三角洲型三大类。

综上可知，流域来沙量大和盐淡水混合形成的河口环流是河口拦门沙发育的两个重要条件。

河口动力因素的多元性和多变性，致使其航道治理难度明显较大。河口动力因子有随不同时间尺度而发生周期性变化的，如潮汐的涨落和大中小潮的变化，径流的洪枯季变化；也有随机变化的，如波浪、台风增水等；还有随径、潮流动力因子的对比关系而发生消长变化的，如对河口泥沙运动有重要影响的盐水楔异重流等。河口的形态及其种种特征，是所有这些动力因子长期综合作用的结果，河口地貌形态与动力因

子之间维持着一种相对的动力平衡。人类进行的航道治理工程，即使调整或改变其中的一个因子，都将引起其他因子的变化，导致原有动力平衡体系被破坏。由于河口动力与泥沙运动密切联系，在航道治理工程实施后，河口尺度及形态随之发生变化，直至与调整后的动力因子建立起新的平衡。

1.1.2 国外主要河口拦门沙航道治理

国外河口拦门沙航道的治理主要采用整治、疏浚或整治与疏浚相结合的方法。最早主要用疏浚方式提高河口航道水深，如德国的易北河口疏浚工作始于 1834 年，美国于 1836 年开始疏浚密西西比河口的西南水道。由于航槽的开挖破坏了原有的平衡剖面，加上河口动力和泥沙运动的复杂性，仅靠疏浚开挖的航道维护难度较大，往往存在挖了淤、淤了挖的现象。不仅航槽开挖深度受到明显的制约，而且浚深后的航道更易受到风暴、洪水等特殊水文条件的影响，造成“挖不胜挖”的局面。之后，便尝试采用导堤、丁坝等缩窄河宽的整治措施，以增加主槽的单宽潮流量，提高主槽的航道水深。1848 年法国开始整治塞纳河口，在河口下游段两侧顺岸建设了长约 60 km、宽 300 ~ 500 m 的两条顺堤，稳定并增深了下游段的航道。1863 年荷兰开始整治莱茵河，疏浚鹿特丹新水道并建设了两条导堤。1885 年和 1904 年美国着手整治哥伦比亚河口和密西西比河口的西南水道。1890 英国开始整治默塞河口。

20 世纪 50 年代以前，由于现场监测手段和模型试验技术的不完善，加上人们对河口演变规律的认识还较肤浅，不少河口航道的整治都经历了曲折和反复，有时还甚至不得不将已修建好的建筑物予以拆除。如法国塞纳河口虽于 1848 年开始整治，修建了不少整治建筑物，但直到第二次世界大战之前，河口始终没有形成一条较为稳定的深泓，原修建的南、北导堤不得不在战后拆除，并重新布置新堤；美国密西西比河口西南水道东导堤内的丁坝也被拆除；荷兰莱茵河口为缩小南北导堤间距而修建了新南堤等。

第二次世界大战之后，模型试验技术不断进步，河口航道的治理均进行了模型试验研究，如采用物理模型对易北河下游整治工程的位置和高程进行了研究；在哥伦比亚河口物理模型上研究了航道整治工程对水流和泥沙运动的影响；为研究稳定主航道的措施，法国修建了塞纳河河口动床物理模型，等。随着计算机技术的发展，20 世纪 70 年代以来，数学模型也被广泛应用于河口拦门沙航道的治理研究。多数河口还将物理模型和数学模型相结合，使它们相互补充，相互验证，不仅加速了研究进度，节省了研究费用，而且提高了河口航道治理的效果和开发的速度。

国外主要河口概况及航道治理过程如表 1 – 1 所示。

表 1-1 国外主要河口概况及航道治理工程

河口名称		美国		英国	德国	法国	荷兰
		密西西比河（西南水道）	哥伦比亚河	默塞河	易北河	塞纳河	莱茵河（鹿特丹新水道）
流域面积/ $\times 10^4$ km²		324	67	0.477	14.85	7.86	16
年平均流量/（$m^3 \cdot s^{-1}$）		16 800（Q_{max} = 61 000，Q_{min} = 1 420）	7 420（Q_{max} = 32 000，Q_{min} = 1 000）	52.7	700（Q_{max} = 3 900，Q_{min} = 130）	400（Q_{max} = 2 000，Q_{min} = 15）	2 140（Q_{max} = 13 500，Q_{min} = 630）
平均潮差/m		0.5	2.0	6.37	2.87	3.5～7.2	1.6
来沙情况/年		陆域为主，20 世纪 50 年代以前约 5×10^8 t，70 年代之后约（1～2）$\times 10^8$ t	陆域为主，约 840×10^4 t	海域为主	海域为主	海域为主，约 350×10^4 t	海域为主
航深/m	天然	2.7	6.1	3～3.6	—	2.4	3.6
	治理后	12.2（13.7）	14.6	13.6	13.5	10.5	13.0
航宽/m		180～240	150～670	—	—	200	350～600
航道疏浚长度/km		35.4	37	—	—	30	45.6
年平均维护疏浚量/ $\times 10^4$ m³		1 150	376	130～260	很少	500	2 300
治理措施		以整治为主	以整治为主	以整治为主	以整治为主	以整治为主	以整治为主
治理起始年份		1904	1885	1890	1938	1848	1863
整治过程		先双导堤，后加丁坝，导堤间距 1 100 m，治导线宽度约 432 m，导堤高程 +1.5 m（低潮位以上）	先南导堤，后北导堤和北丁坝，导堤间距约 2.4 km	先疏浚，1914—1957 年修建了总长约 60 km 的双导堤，导堤间距约 400～500 m	先疏浚，1938—1939 年修建单导堤，“二战”期间中断，1950—1970 年续建，堤长 9.25 km。为了挡沙，随后又延长 3 km	北侧修建北高堤；南侧修建南潜水堤；后又在北堤上建丁坝。由于整治效果不佳，又重新修建南、北新导堤，间距约 500 m；后又延长导堤 3 km	双导堤，导堤间距从 900 m 缩减到 700 m，导堤高程近岸端高（在风暴洪水位以上），远岸端低

1.1.3 国内主要河口拦门沙航道治理

我国可通航的入海河口有 20 余条，河口拦门沙航道治理起步相对较晚。最早拦门沙航道整治，为 1907 年荷兰人在吴淞口修建的导堤工程，将黄浦江口拦门沙航道水深由治理前的 5 m 增深至 12 m，且不需疏浚便可维持航道水深。黄浦江口航道整治的成功为 20 世纪前期上海港作为世界大港奠定了基础。

自新中国成立以来，在主要有通航价值的河口，先后进行了河口航道整治研究。多数河口的拦门沙航道整治工程也已经付诸行动，并取得了较好的治理效果。国内主要河口概况及拦门沙航道整治工程如表 1－2 所示。

表 1－2 国内主要河口概况及航道治理工程

河口名称		长江口	黄浦江	甬江口	韩江	珠江口（伶仃洋）
流域面积/ $\times 10^4$ km^2		180	—	0.429		
年平均流量/（m^3 · s^{-1}）		30 200	321	70.1	783	9 542（5 296）
平均潮差/m		2.66	2.7	1.76	1.01	1.34
年平均输沙量/ $\times 10^4$ t		48 600	—	以海域来沙为主	722 ~ 768	8 936（3 664）
航深/m	天然	6.0	3.8	—	5.0	6.1
	治理后	12.5（北槽）	8.0 ~ 9.5	—	12.0	11.5
治理措施		整治与疏浚	以整治为主	以整治为主	整治与疏浚	疏浚
治理起始年份		1998	1905	1975	1989	1959
治理方案		整治工程由双导堤和丁坝组成。南、北导堤的长度分别为 48 km 和 49 km，在双导堤的内侧修建了总长约 35 km 的 19 条丁坝。导堤顶部高程约为中潮位 2.0 m	1905—1910 年在吴淞口左岸修建长约 1 395 m 导堤，高程为 3.74 m。1911 年又在右岸修建了 2 200 m 长的右导堤；1934—1936 年再次延长右导堤 1 737 m，并加高至中潮位	先修建了北防波堤，导致河口拦门沙航道淤浅。1980 年又修建了南丁坝和顺堤，北岸修建了丁坝、顺堤和导堤。整治建筑物堤（坝）顶高程为中潮位 2.5 m，治导线宽度为 290 ~ 330 m	1989—1994 年在河口口门左侧建设了长 7.95 km 的导流防沙堤，其中 5.2 km 为出水堤，堤顶高程为平均高潮位 2.3 m，另 2.75 km 为潜堤。二期工程将长 2.75 km 的潜堤加高成出水堤	1959 年开通底宽 150 m，水深 6.9 m 航道。1979 年拓宽浚深至底宽 160 m，水深 8.6 m。1996 年 6 月至 1997 年 12 月完成了 10.5 m 航道水深的疏浚施工，1998 年 11 月至 2000 年 8 月完成了一期工程 11.5 m 航道水深的施工

1.2 流域来水来沙变化

1.2.1 长江来水量多年总体稳定

长江口径流量充沛。根据河口上游大通站的资料统计（1950—2006 年），多年平均径流量约 9 000 × 10^8 m^3，多年平均流量近 30 000 m^3/s。长江口径流年内具有明显的季节性变化特征，5—10 月为洪水期，其径流量约占年径流总量的 71.7%。最大日平均流量为 92 600 m^3/s（1954 年 8 月 1 日），最小日平均流量为 4 620 m^3/s（1979 年 1 月 31 日），最大与最小比值达 20∶1。

长江口径流量年际间变化相对比较平稳，不存在趋势性减小的特征（图 1－1）。2003 年三峡水库建成后，长江来水年内仍呈洪季大、枯季小的变化特征，洪季径流量占全年的比例维持在 70% 左右。

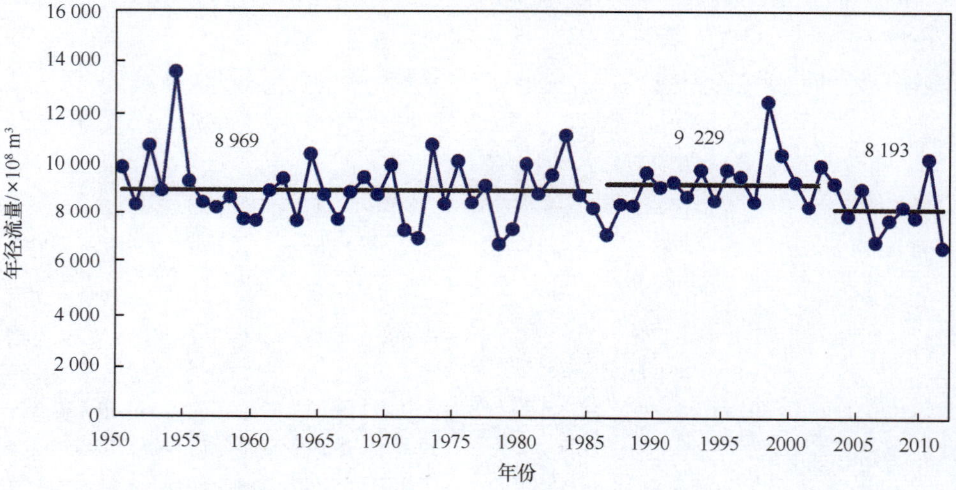

图 1－1 大通站年径流量变化过程（1950—2011 年）

2010 年 12.5 m 深水航道试通航以来的 3 年间，上游来水量先后经历了"丰、枯、丰"的变化过程。2010 年，流域来水量总体较大，是继 1998 年、1999 年之后的最大一次洪水（图 1－2）。2010 年、2011 年和 2012 年大通年平均流量分别为 32 500 m^3/s、21 300 m^3/s 和 31 446 m^3/s。

1.2.2 20 世纪 80 年代中期以来长江来沙量呈减少趋势

长江口来沙量丰富。大通站多年平均输沙量（指悬沙输沙量，下同）为 4.08 × 10^8 t（1950—2006 年），多年平均含沙量为 0.45 kg/m^3。20 世纪 80 年代中期以来，大通年

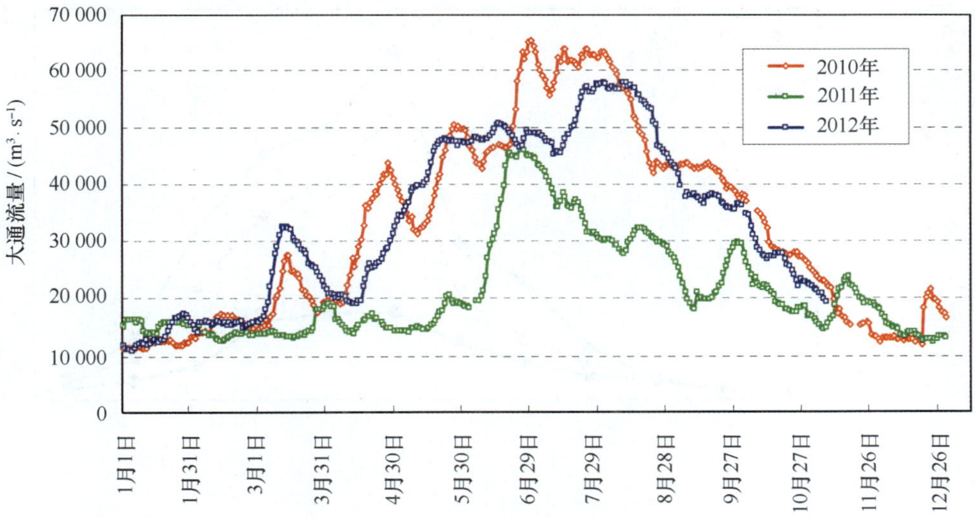

图 1-2 大通流量变化过程（2010—2012 年）

输沙量呈现明显的减少趋势（图 1-3）。输沙量的年内变化与流量基本同步，但更向洪季集中，5—10 月的输沙量约占年输沙总量的 85%。

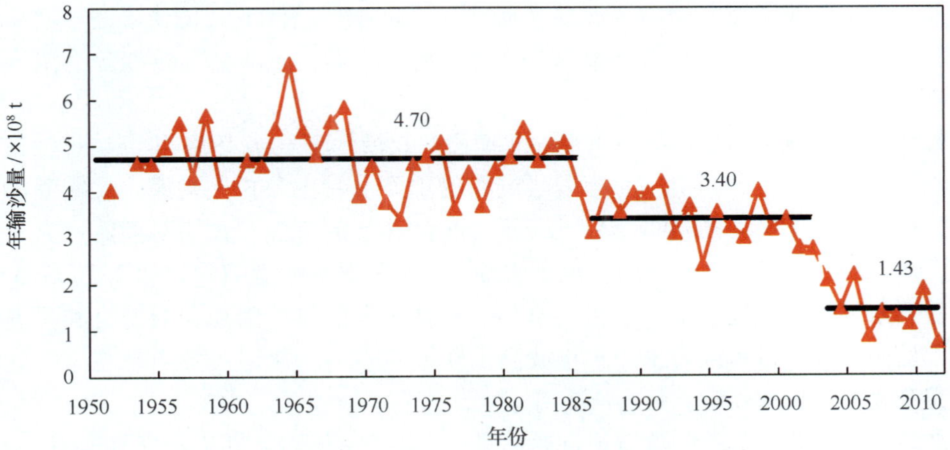

图 1-3 大通站年输沙量变化过程

2003 年三峡工程蓄水运用后，2003—2011 年大通站年均输沙量为 1.43×10^8 t，其中 2010 年、2011 年长江来沙量分别为 1.86×10^8 t 和 0.71×10^8 t。统计表明，长江来沙量的减小，主要由于洪季输沙量的大幅减小所致（图 1-4）。

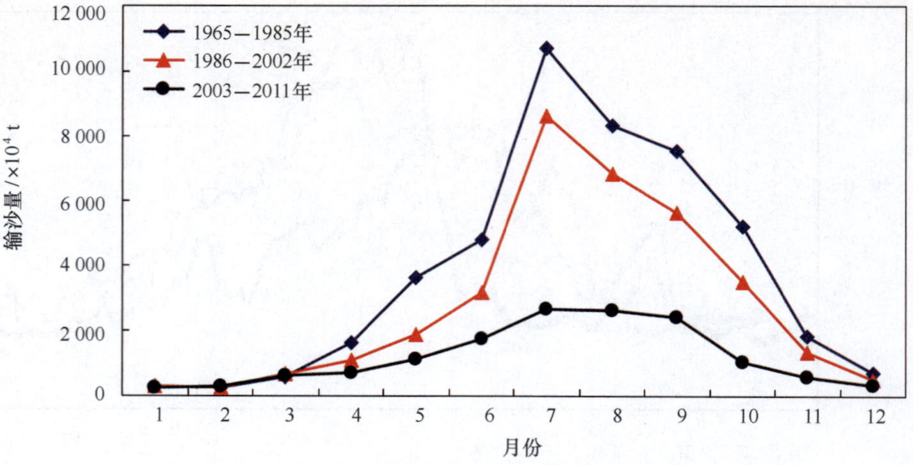

图 1－4　大通站月输沙量变化过程

1.3　长江口深水航道治理工程

1.3.1　拦门沙航道条件

长江口呈三级分汊、四口入海的平面格局。自徐六泾以下，长江口被崇明岛分为南支、北支，南支又被长兴岛与横沙岛分为南港、北港，南港被九段沙分为南槽和北槽（图 1－5）。

长江口深水航道治理选择在南港—北槽段。北槽约形成于 1954 年，是长江口四条入海水道中最为年轻的河道，河槽表层沉积物主要由黏土和粉土构成。北槽潮汐为半日潮，横沙站多年平均潮差约 2.61 m。由于长江径流的下泄，北槽落潮流速大于涨潮流速，落潮历时略长于涨潮历时。洪季大潮时，表层最大落急流速可达 2.5～3.0 m/s。北槽盐淡水混合为缓混合型，但在洪季小潮和枯季大潮时分别存在弱混合和强混合现象。北槽内的波浪以风浪为主，平均波高 1.0 m 左右。大风浪主要出现在冬季北方寒潮来袭和夏季台风入侵时，最大波高可达 6 m 左右。

北槽形成以来，其拦门沙滩顶自然水深多年稳定在 6 m（理论深度基准面，下同）左右，年内拦门沙河槽存在“洪淤枯冲”的变化特征，季节性冲淤幅度在 0.2～0.6 m。1984 年开辟北槽 7 m 航道作为进出长江口的主航道，疏浚维护的主要区段为北槽上段，疏浚长度约 16 km，年疏浚维护量约 $1.2\times10^7\ m^3$。北槽中、下段为自然航道，水深大于 7 m。受拦门沙河槽“洪淤枯冲”的影响，北槽航道回淤年内分配不均，洪季（5—10 月）6 个月的维护疏浚量约占全年 65% 以上（张栋梁，姚金元，1993）。

1.3.2　工程概况

北槽拦门沙航道 7 m 水深已影响长江作为“黄金水道”作用的发挥和进出上海港

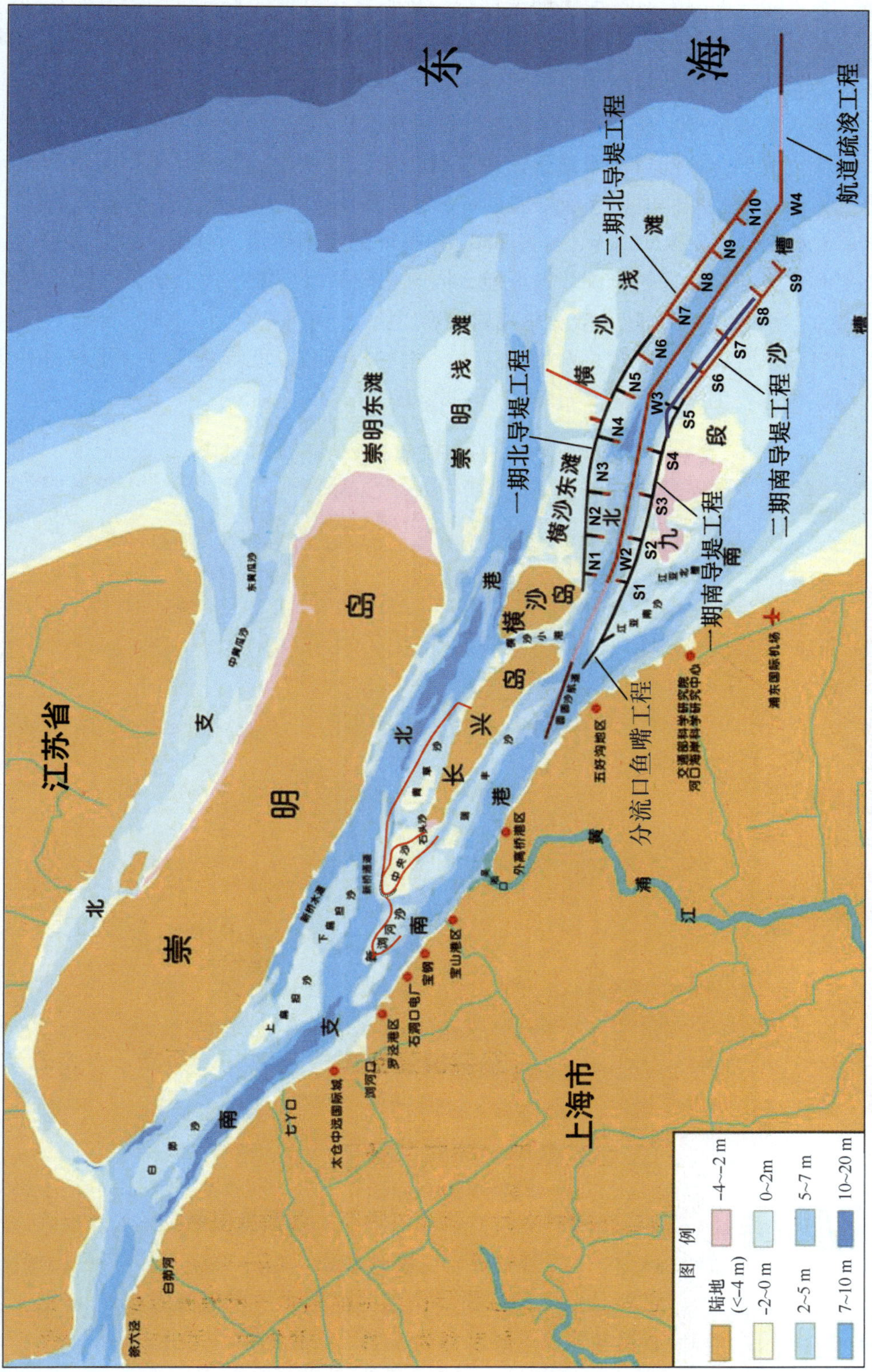

图1-5 长江口河势及深水航道治理工程

的船舶，更不能适应国际海运向船舶大型化、集装箱化发展的形势。为提高长江口通海航道水深，王谷谦（1994）、陈吉余（1995）等人对长江口拦门沙的成因及演变规律开展了较为系统的研究。与此同时，陈志昌等（1995）在总结前人研究成果的基础上对长江口深水航道治理工程整治方案进行了试验研究。根据近40年来国内外一大批专家学者的研究成果，长江口深水航道治理工程最终选择南港—北槽，采用整治和疏浚相结合的方法，分三期使航道水深增加至8.5 m、10.0 m和12.5 m。三期工程完成后，在南港—北槽形成全长92.2 km、底宽350～400 m的双向航道，可满足第三、第四代集装箱船和5万吨级散货船全潮双向通航，同时兼顾第五、第六代大型集装箱船和10万吨级散货船满载及20万吨级散货船减载乘潮通航。

长江口深水航道治理工程由分流口工程、南导堤工程、北导堤工程、丁坝群和疏浚工程组成。主要工程建设规模如表1-3和图1-6所示。

表1-3　长江口深水航道治理工程建设规模及施工进度

实施阶段		一期工程		二期工程	三期工程	合计
		原设计	完善段			
分流口	南线堤/km	1.60				1.60
	潜堤/km	3.20				3.20
南导堤/km		20.00	10.00	18.08		48.08
北导堤/km		16.50	11.41	21.29		49.20
丁坝/（座·km^{-1}）		6/5.97	4/5.23	14/18.9	11/4.62	19/34.72
航道水深/m		8.5		10.0	12.5	
航道底宽/m		300		350～400	350～400	
航道疏浚长度/km		51.77		74.47	92.2	
航道疏浚单元		A～Z		IIN－A～IIW－B	III－A～III－I	
设计疏浚量/×10^4 m^3		4 074 (3 182.3)*		7 635 (5 920.81)*	16 960	28 669
时间段		1998年1月至2000年7月	2000年11月至2001年6月	2002年5月至2005年3月	2006年9月至2010年3月	
注		1998年10月一期南北导堤开工，2000年4月主要整治工程完成，其中1999年5月封堵了江亚北槽	主要整治工程2001年3月开工，同年6月完成	2003年8月至2004年1月一期北侧5座丁坝续建，总长4.6 km；2004年1—11月新建丁坝9座，总长14.3 km	2008年9月至2009年4月延长北侧N1～N6丁坝、南侧S3～S7丁坝，总长4.62 km	

注：*括号内为达到目标水深实际完成的疏浚量，一期工程统计1999年7月至2000年3月22日，二期工程统计2004年1月至2005年3月29日。

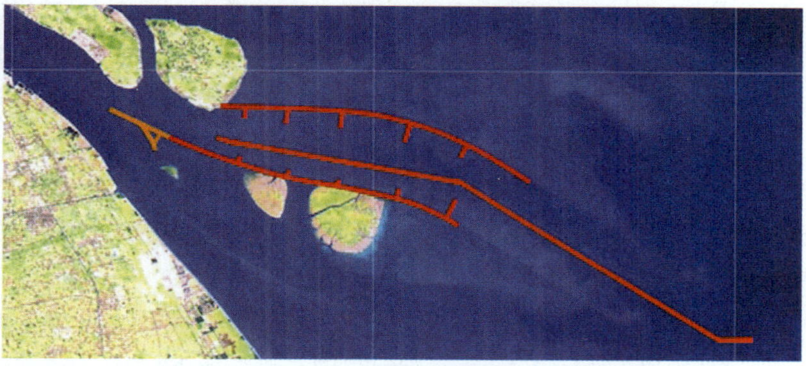

a. 一期工程(含完善段)

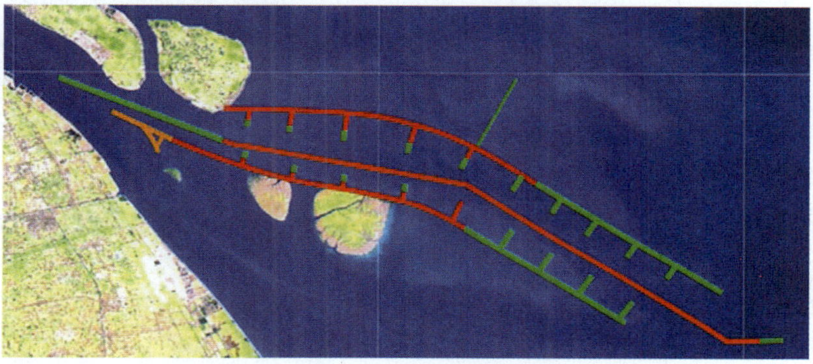

b. 二期工程(绿色部分)

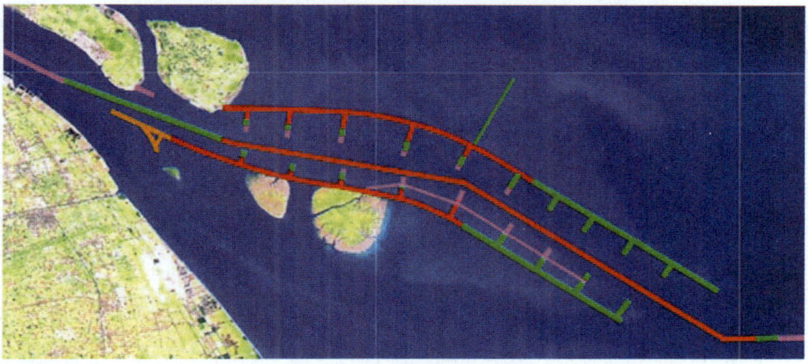

c. 三期工程(紫色部分)

图1-6　长江口深水航道一、二、三期工程平面布置

一、二期工程建设了分流口工程，以稳定北槽进口河势；建造了南、北导堤以阻挡滩面泥沙进入北槽，拦截江亚北槽的落潮水流，消除横沙东滩窜沟对北槽输沙的不利影响；建造19座丁坝调整并增强北槽流场，使自然深泓与航道轴线趋于一致，增加航道范围内的单宽流量，有利于深水航道的成槽与维护。在一、二期工程整治建筑物河床地形调整的基础上，通过疏浚形成深水航道，并维护航道水深。

一期工程自1998年1月开始实施，2000年完成原计划工程量，取得了初步的治理效果。但现场水文、地形监测结果表明，一期工程原设计的南、北导堤和丁坝的控制范围不足，未能有效地阻止北导堤北侧沿堤流和横沙东滩窜沟落潮水流所挟带的泥沙进入北槽，W3附近涨、落潮流路分歧明显，泥沙较易淤积，8.5 m航道维护难度增大（图1-6a）。按照动态管理的原则，根据河势分析、物理模型和数学模型研究成果，2000年11月至2001年6月实施了一期完善段工程，分别将南、北导堤向下延长至30 km和27.91 km，增建了N4、N5、S4和S5四条丁坝。二期工程整治建筑物自2002年5月开工建设，于2004年11月全部完成。在此期间，于2003年8月进行一期丁坝续建工程，至2004年1月底完成。二期基建疏浚工程于2004年1月开始，2004年5月和2005年3月分别实现了9 m和10 m水深航道的贯通（图1-6b）。通过一、二期工程的实施，进一步深化了长江深水航道的治理思想，即采取整治与疏浚相结合的方法，通过整治工程稳定北槽的进口条件及优良河势，调整和稳定北槽流场，在维持北槽落潮流优势的同时，调整北槽地形，优化河槽断面形态，减少滩槽高差，阻挡滩面风浪掀沙对航道的补给，为深水航道开挖和维护创造良好条件（金镠，黄咏烨，2005）。通过疏浚形成深水航道，并以合理的疏浚量加以维护。

三期工程自2006年9月开工，原计划在二期工程10 m航道的基础上，通过疏浚形成12.5 m深水航道。由于二期工程完成后10 m航道回淤量较大，致使三期工程航道疏浚增加困难，在对回淤原因系统研究的基础上（谈泽炜 等，2009），2008—2009年实施了包括YH101工程和南坝田挡沙堤工程在内的减淤措施（图1-6c）。工程后，2010年3月长江口12.5 m深水航道如期开通。

1.3.3 工程治理思想

世界主要河口航道的治理大多采用整治与疏浚相结合的治理方法。整治工程通常有单导堤、双导堤、“单导堤+丁坝”和“双导堤+丁坝”的布置方案。在流域和海域来沙不多，径流和潮流不强，单一口门的河口通常采用单导堤方案，如我国的黄浦江河口、甬江河口、韩江河口（汕头港）、德国的易北河口等，均取得了较好的治理效果。而对强潮和海域来沙相对较大的喇叭形或漏斗形河口，双导堤的建设，通常可较大地提高河口拦门沙航道水深，如法国的塞纳河口、英国默塞河口。在流域来沙量较大的河口，为提高航道治理效果，增加航道水深，还需在双导堤内侧修筑丁坝，以进一步增强水流流速，如美国的密西西比河口西南水道的治理。实践证明，导堤在河口拦门沙航道治理中主要起到“导流”和“挡沙”作用，丁坝起缩窄河宽，增加主槽流速的作用。在整治工程的作用下，通常较易疏浚，维护航道水深。

长江口深水航道治理和美国的密西西比河口西南水道均采用“双导堤+丁坝”的整治工程布置形式，但其治理思想并不相同。密西西比河口主要为流域来沙（单向来沙），西南水道治理采用“束水攻沙”的思想，通过不断缩小口门宽度，达到增加流速和航道水深的目的。密西西比河口平面成鸟足形，大陆架距河口较近，且潮差小（通常在0.5 m以下），拦门沙规模小（滩长仅约10 km），因此，波浪掀沙不明显，即使存在波浪“掀沙”，较弱的潮流也无法将外海泥沙向上输送。因此，采用“束水攻沙”的治理思想，能够取得预期的治理效果。

长江口为中等强度的潮汐河口，存在流域和海域的双向来沙。长江口流域来沙量大，水下三角洲平缓，丰富的泥沙在河口口门外形成巨大的拦门沙系。因此，波浪容易掀起拦门沙浅滩上的泥沙，并在潮流挟带下来回输送。经过长江口历史演变规律的系统研究，陈吉余（1983，1995）提出整治、疏浚与围垦相结合的原则治理长江口拦门沙航道，其中围垦既能充分利用航道疏浚土增加土地资源，又能固定拦门沙浅滩，减小海域活动的泥沙来源。经过对北槽河势与水沙特性的分析研究，窦国仁提出了长江口深水航道“导流、挡沙、减淤”的治理设计思想（金镠，2001）。经过对整治建筑物导堤高程的比较，确定了中水位治理的思路。为减少工程量，南、北两条导堤分别布置在北槽两侧较高的滩面上，堤顶高程确定为 +2 m（吴淞基面，相当于中潮位）。研究表明（陈志昌，乐嘉钻，2005），双导堤堤顶高程达 +2 m 时，在中水大潮情况下，可将大约 88% 的落潮潮量纳入航槽内。同时，又可起到阻挡九段沙和横沙东滩底部高浓度泥沙进入北槽的作用。在南、北两条导堤的内侧布置若干条“长丁坝”，形成丁坝群，以束窄槽宽，达到进一步增加主槽流速、冲刷河槽的目的。丁坝坝根高程为 +2 m（与导堤顶高程一致），向航槽方向渐变至头部高程为 ±0 m。“宽间距双导堤 + 长丁坝群”使坝田区形成丰富的纳潮量，落潮过程中潮量逐渐归槽，沿程汇流，有利于利用落潮流优势输沙（乐嘉钻 等，2006）。

第 2 章　北槽冲淤演变及其对一、二期工程的响应

长江口深水航道一、二期工程在北槽建设了大尺度的双导堤与丁坝整治工程。工程的建设改变了水沙运动的边界条件，进而引起了北槽河床的冲淤调整。为分析掌握北槽的冲淤演变过程及其对整治工程的响应，根据整治工程平面布置和实施进度，将北槽沿纵向划分四段（图 2－1），自上而下称之为一期工程上游段、一期工程段、一期工程完善段和二期工程段。

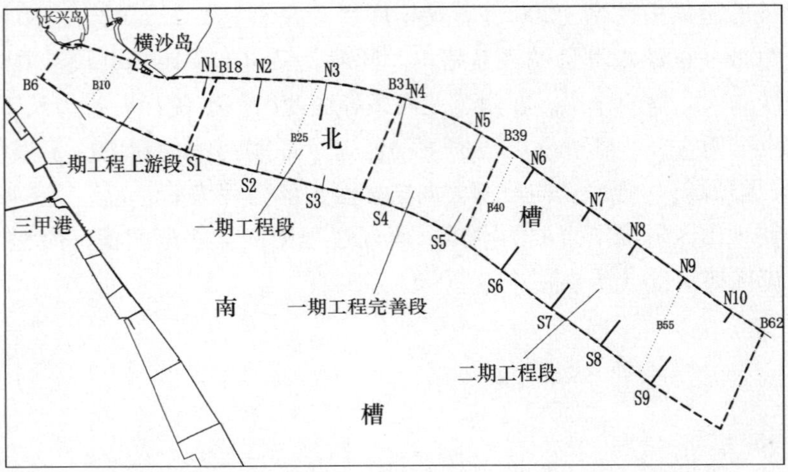

图 2－1　水深测量断面和研究区域划分

2.1　冲淤演变特征

2.1.1　冲淤演变模式

工程前后（1997—2005 年）北槽地貌形态的演变如图 2－2、图 2－3 所示。长江口深水航道治理工程实施前，由于水面横比降的存在，北槽水流通过横沙通道、横沙东滩窜沟与北港水流进行交换，通过江亚北槽和九段沙窜沟与南槽水流交换（图 2－2）。由于涨、落潮水流的分散与汇合，在北槽形成了凸凹不平的纵剖面（图 2－4）。落潮时，由于江亚北槽和九段沙窜沟分散了北槽水流，减弱了北槽上段的水流动力，在此形成了拦门沙浅段。在北槽中段，由于横沙东滩窜沟落潮水流的注入，主槽局部区域

形成 10 m 深槽，其下游为北槽下段，主槽自然水深大于 7 m。

长江口深水航道北导堤封堵了横沙东滩窜沟，南导堤堵封了江亚北槽和九段沙窜沟（图2－3）。导堤和丁坝共同作用，使得北槽水流归顺并进一步增强。长江口深水航道治理工程实施后，北槽河床产生了明显的冲淤响应。2005 年，二期工程完成后，北槽形成上下平顺衔接、微弯的深泓（图 2－3），原拦门沙浅段消失，通过疏浚维护 10 m 水深的航道。

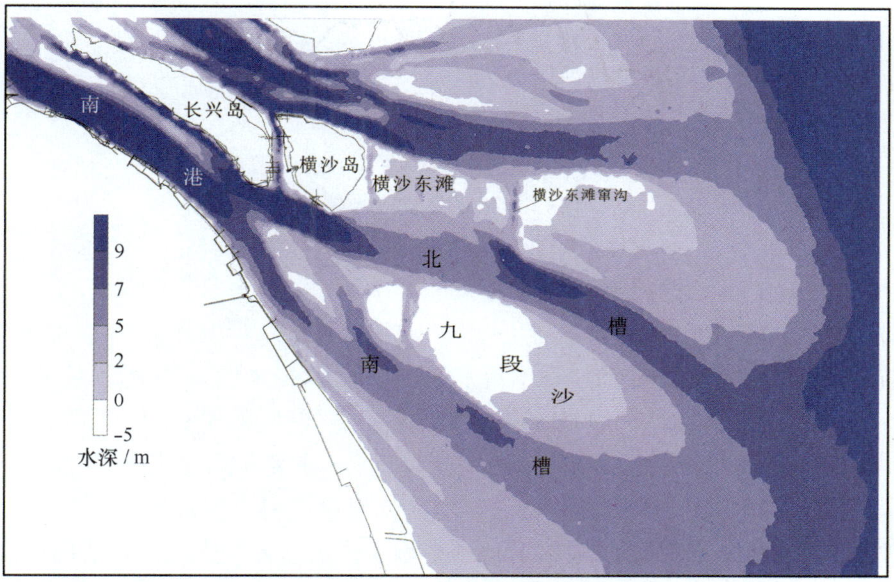

图 2－2　工程前（1997 年）北槽及邻近区域的河床地貌

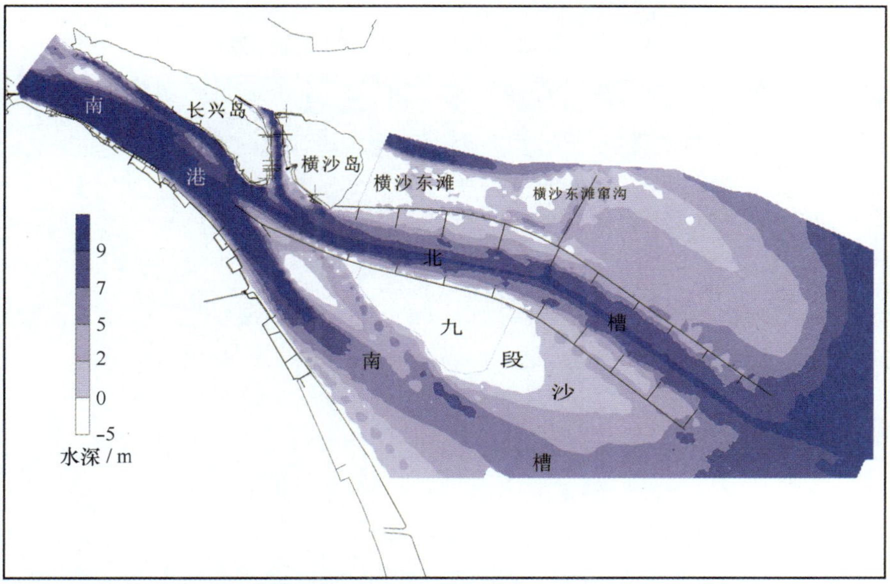

图 2－3　工程后（2005 年）北槽及邻近区域的河床地貌

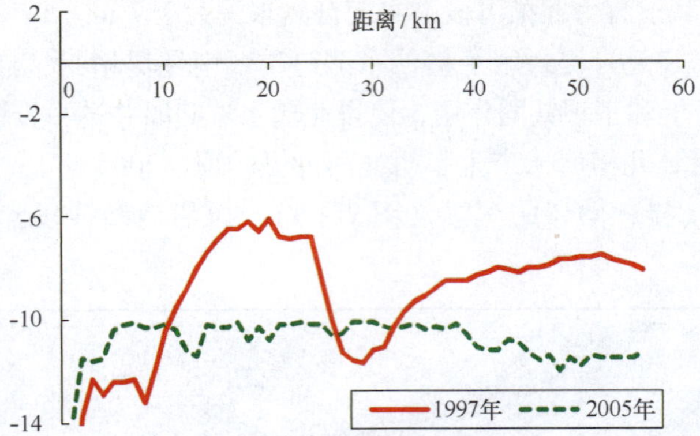

图2-4　工程前后（1997—2005年）北槽航道水深变化

注：距离的起点为潜堤头部。

对比工程前、后北槽的典型断面形态可以发现（表2-1、图2-5），工程后，无丁坝建设的北槽进口段河槽普遍淤积（B10断面），丁坝建设对应的北槽上段（B25断面）、中段（B40断面）和下段（B55断面）主槽明显冲刷，主槽两侧的丁坝坝田内出现了淤积。1997—2005年，B25、B40和B55断面5 m以下河槽平均水深分别增加1.7 m、0.3 m和1.9 m。B10断面5 m河槽断面平均水深由工程前的10.6 m减小至8.8 m，5 m河槽的宽深比增大，河槽变得更加宽浅（表2-1）。从表2-1可见，工程前，各断面5 m以下河槽平均水深值差异较大，B10断面最深，B25断面最浅，二者相差5.1 m。工程后，各断面平均水深值的差异缩小，最大与最小值之差仅有1.5 m。

表2-1　5 m以下河槽平均水深和宽深比变化

断面	平均水深/m		宽深比*		平均水深变化/m	宽深比变化
	1997年	2005年	1997年	2005年	1997—2005年	1997—2005年
B10	10.6	8.8	10.3	14.8	-1.8	4.5
B25	5.5	7.3	117.0	26.9	1.7	-90.1
B40	7.7	8.0	24.4	21.3	0.3	-3.1
B55	6.7	8.6	50.5	19.6	1.9	-30.9

注：*宽深比 = $\sqrt{B_{5\,m}}/H_{5\,m}$，$B_{5\,m}$为5 m以下河槽的宽度，$H_{5\,m}$为5 m以下河槽的平均深度。

图2-6详细展示了不同工程阶段北槽河床的冲淤演变过程。随着整治工程分阶段向下推进，北槽主槽的冲刷区域不断下移。但各阶段工程实施后，北槽进口段（一期工程上游段）表现为净淤积。1998年10月至2000年3月完成了长江口深水航道治理一期工程的主要整治建筑物工程。工程完工并经过2000年长江洪水季节后，即1998年9月至2000年11月地形冲淤比较表明（图2-6a），一期工程丁坝对应的北槽上段主

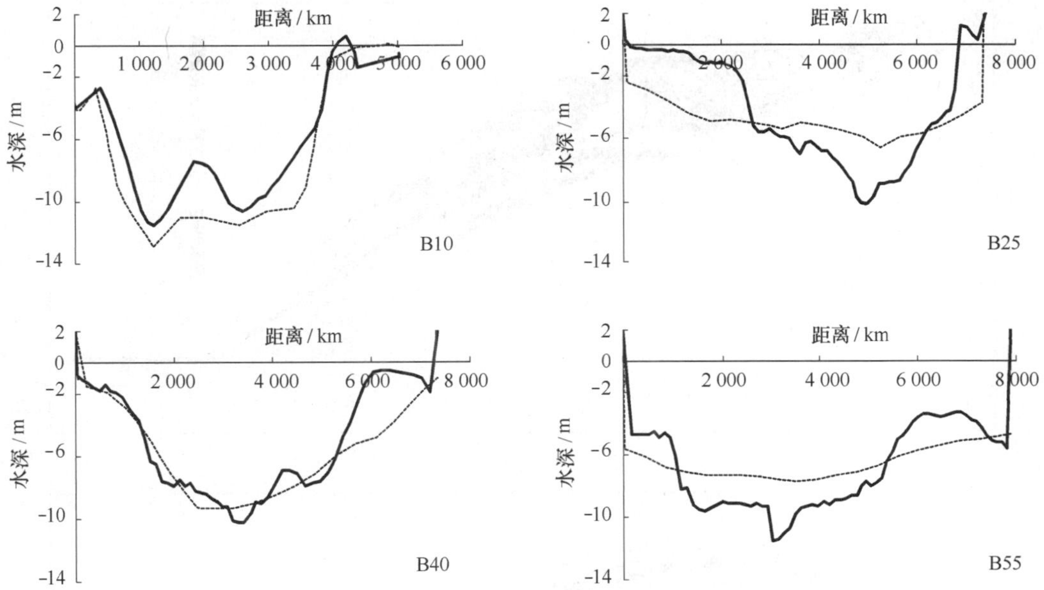

图 2－5　工程前后（1997—2005 年）北槽横断面变化

注：断面的起点为北导堤，终点为南导堤，断面位置见图 2－1。

槽发生了明显的冲刷，河床普遍冲刷幅度超过 0.5 m，南侧丁坝坝头附近的局部主槽区域河床冲刷幅度超过 2 m。同期，在冲刷区下游北槽中段形成东南—西北走向的淤积带，局部淤积幅度超过 2 m。从淤积体的形态、位置和走向来看，该淤积带位于北槽中段的原 10 m 深槽附近区域，淤积的泥沙主要来自北槽上段主槽的冲刷和一期工程北导堤北侧的沿堤冲刷。同样，一期完善段工程和二期工程分阶段建成后，对应的北槽中段主槽、下段主槽亦先后出现了明显的冲刷，主槽两侧的坝田出现了淤积（图 2－6b、图 2－6c）。

2.1.2　河槽容积变化

从河槽容积的变化可看出河槽演变的总趋势是冲刷还是淤积。长江口深水航道整治工程引起了北槽主槽的冲刷和丁坝坝田的淤积（图 2－6）。北槽河槽总容积的计算结果表明，1998—2002 年的 4 年间，北槽中潮位以下河槽总容积变化不大，基本维持在 $30.5\times10^8\ m^3$ 左右。但 2002 年长江口深水航道治理二期工程实施后，由于丁坝坝田的淤积量大于主槽的冲刷量，北槽河槽总容积呈明显的减小趋势（图 2－7）。2002—2006 年，北槽河槽总容积减小约 $2.8\times10^8\ m^3$，减幅达 9.0%，平均每年减小约 $0.7\times10^8\ m^3$。北槽河槽总容积的减小表明北槽纳潮能力有所下降。

2.1.3　北槽泥沙预算

泥沙预算是地貌演变分析中较为有用的工具，其结果可清楚地看出河槽演变的净

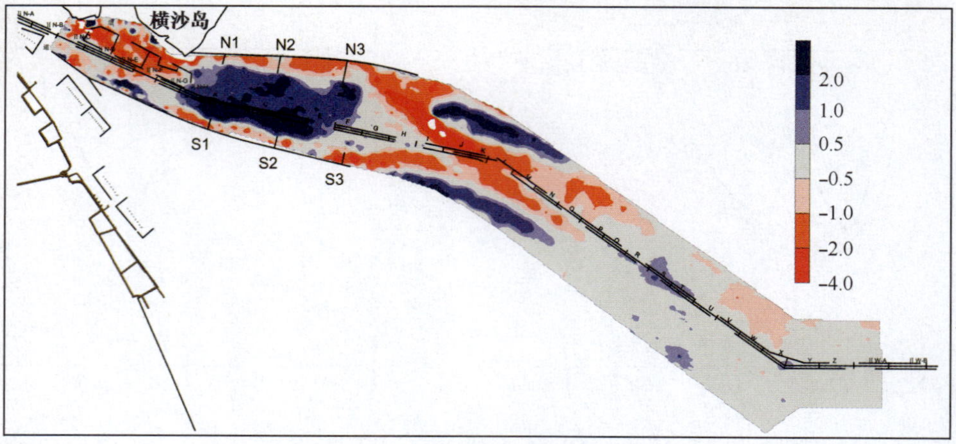

a. 1998年9月至2000年11月

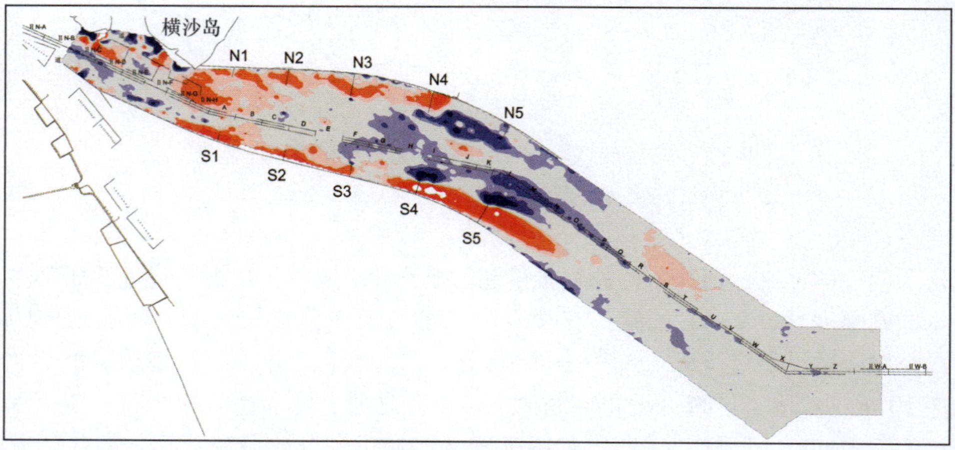

b. 2000年11月至2002年11月

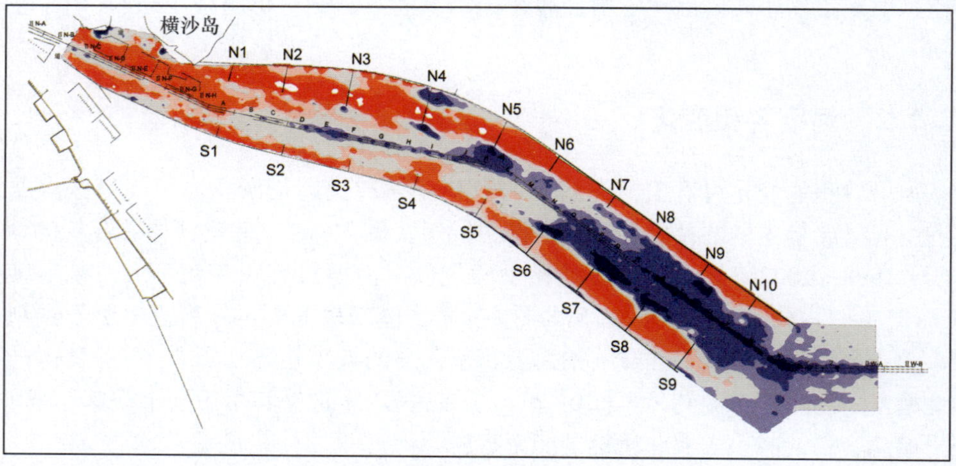

c. 2002年11月至2005年11月

图 2－6　北槽地形冲淤变化

注：正值（蓝色）表示冲刷，负值（红色）表示淤积。

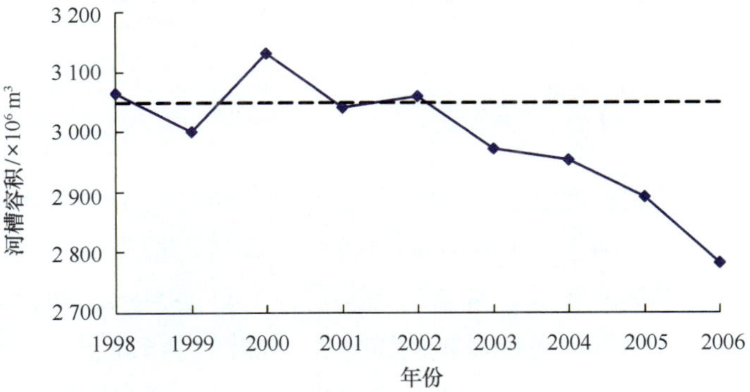

图 2－7　中潮位以下河槽总容积变化

注：本书“中潮位”为理论深度基准面以上 2 m，相当于平均海平面的位置，下同；容积统计范围为北槽南、北导堤之间，上自潜堤堤头，下至北导堤堤头之间的区域（图 2－1）。

趋势。泥沙预算值代表着进入河槽单元的泥沙净通量，可判别河槽单元的整体稳定性。根据地形测量资料和航道疏浚资料，对北槽进行了泥沙预算（表 2－2）。由于无法计算北槽内各抛泥区的淤积量，统计出的北槽泥沙预算并不太完整。从河床地形来看，长江口深水航道治理工程开工以来，北槽各抛泥区并无明显的淤积，因此，可认为抛入北槽各抛泥区的航道疏浚土基本全部被带出北槽，泥沙预算不考虑这部分的量值。

表 2－2　北槽泥沙预算

时间	河槽总容积变化 * / $\times 10^6\ m^3$	航道疏浚量 ** / $\times 10^6\ m^3$	净年均泥沙通量 *** / $\times 10^6\ m^3$	沉积速率 **** / $(m \cdot a^{-1})$
1998 年 9 月至 1999 年 11 月	－57.6	21.1	＋78.7	＋0.18
1999 年 11 月至 2000 年 11 月	＋139.1	30.2	－108.9	－0.29
2000 年 11 月至 2001 年 11 月	－91.5	25.7	＋117.2	＋0.31
2001 年 11 月至 2002 年 11 月	＋14.2	21.8	＋7.6	＋0.02
2002 年 11 月至 2003 年 11 月	－87.7	22.5	＋110.2	＋0.29
2003 年 11 月至 2004 年 11 月	－17.6	42.7	＋60.3	＋0.16
2004 年 11 月至 2005 年 11 月	－62.7	44.7	＋107.4	＋0.29
2005 年 11 月至 2006 年 11 月	－108.8	33.8	＋142.6	＋0.38

注：* 根据地形计算，＋表示容积增加，－表示容积减小；统计范围为北槽南、北导堤之间，上自潜堤堤头，下至北导堤堤头之间的区域（图 2－1）；** 按疏浚地点河床沉积物的容重换算后的体积；*** ＋表示泥沙净输入，－表示泥沙净输出；**** ＋表示泥沙净输入，－表示泥沙净输出。

北槽泥沙预算结果表明，除 2000 年之外，北槽均表现为泥沙的净输入，2003 年 11 月之后，年均泥沙输入量还有所增大，表明随着二期工程的实施，尽管丁坝段对应的主槽有所冲刷，但北槽整体却处于加速淤积的调整阶段，北槽河槽系统在工程完工后尚未达到冲淤演变的平衡状态。

2.1.4 完整的河槽形态特征

与河槽容积变化相关的北槽整体地貌形态变化，能够展示出河槽地貌与动力之间的相互作用。前人的研究表明（Dronkers，1998），如果河槽变得宽浅，同时潮间带面积亦有所增大，则涨潮优势增强，落潮优势减弱，如英国 Mersry 河口。相反，如果河槽断面变得窄深，并伴随着潮间带面积的减小，则涨潮优势减弱，落潮优势增强。通过河槽整体地貌形态参数的检验，可清楚地看出对北槽水流和泥沙运动有重要影响的北槽地貌形态特征变化。

表 2 -3 统计了北槽整体的地貌形态参数变化。由表 2 -3 可见，2000 年北槽呈现出相对较为窄深的河槽地貌形态，表明此时的落潮优势较强。容积计算结果表明，2002 年之后，北槽潮下带河槽容积呈明显的减小趋势（表 2 -3），并同时伴随着潮下带面积和全槽平均水深的减小。2002 年之后北槽潮间带面积的增加和北槽全槽平均水深的减小，表明北槽整体的涨潮优势在增强，落潮优势在减弱。北槽潮量监测结果表明，2002—2005 年，北槽涨潮量有所增大，落潮量有所减小，进一步印证了河槽地貌形态演变对北槽动力的影响。

表 2 -3 北槽整体地貌形态参数变化

时间	水深/m*	面积/×10^6 m^2		容积/×10^6 m^3	
		潮下带	潮间带	潮下带	潮间带
1998 年 9 月	6.4	369	6	2 369	1 433
1999 年 11 月	6.2	368	7	2 272	1 472
2000 年 11 月	6.4	372	3	2 387	1 497
2001 年 11 月	6.2	369	6	2 294	1 498
2002 年 11 月	6.4	366	9	2 329	1 477
2003 年 11 月	6.3	359	16	2 244	1 474
2004 年 11 月	6.2	358	17	2 226	1 475
2005 年 11 月	6.1	357	18	2 168	1 470
2006 年 11 月	6.0	343	32	2 064	1 466

注：* 为北槽全槽平均水深，统计范围为北槽南、北导堤之间，上自潜堤堤头，下至北导堤堤头之间的区域（图 2 -1）。

2.2 地形冲淤变化对整治工程的响应

2.2.1 主槽

自然条件下，北槽拦门沙河床的冲淤对流域来水来沙具有明显的季节性响应，洪季河槽淤积，枯季河槽冲刷，季节性冲淤幅度在 0.2 ~ 0.6 m。长江口深水航道治理工程实施后，主槽河床对工程建设产生了明显的冲淤响应。长江口深水航道治理一期工程、一期完善工程和二期工程实施后，对应的丁坝段主槽均产生了明显的冲刷，无丁坝段（一期工程上游段）主槽产生了明显的淤积。丁坝建设期间，河床往往出现持续的冲刷或淤积，河床冲淤对工程的响应掩盖了自然条件下的季节性冲淤响应。

从主河槽水深变化可知（图 2 - 8b、c、d），丁坝段主槽呈持续快速增深和冲淤平衡两种阶段性变化特点。河床冲刷调整过程通常滞后于工程的建设。随着丁坝的建设，主槽河床便开始冲刷调整，水深持续增加，大约在丁坝建设完成 1 年，河床冲刷基本结束。随后河床进入冲淤的平衡阶段，水深略有减小并逐渐保持稳定。一期工程上游段（图 2 - 8a）主槽水深呈现持续快速淤积和缓慢淤积两种阶段性变化特点。从时间上看，一期工程上游段主槽的持续快速淤积阶段，与下游段的各阶段丁坝施工过程基本对应。下游段的丁坝开始施工，一期工程上游段主槽便呈现快速淤积的趋势；丁坝建设完成后，河槽的快速淤积形势也基本结束，主槽水深呈缓慢减小的态势。

2.2.2 丁坝坝田

丁坝坝田为弱动力环境，是泥沙易于淤积的场所，国内外广泛采用丁坝进行岸滩的保护。长江口深水航道治理一、二期工程建设了 19 座丁坝，共形成面积 150×10^6 m^2 的坝田区。

长江口深水航道治理工程丁坝坝田的淤积可减小北槽的河槽容积。丁坝建设后，各区段坝田均产生了明显的持续淤积，坝田平均水深不断减小（图 2 - 9）。表 2 - 4 统计了各阶段丁坝坝田的水深变化、泥沙淤积量和年均淤积厚度。由表 2 - 4 可见，2000 年 2 月至 2006 年 11 月，北槽丁坝坝田内累计淤积泥沙 290×10^6 m^3。尽管各区段丁坝坝田面积不同，但各时段的淤积速率相差不大，年淤积厚度在 0.32 ~ 0.64 m，平均值约 0.5 m。

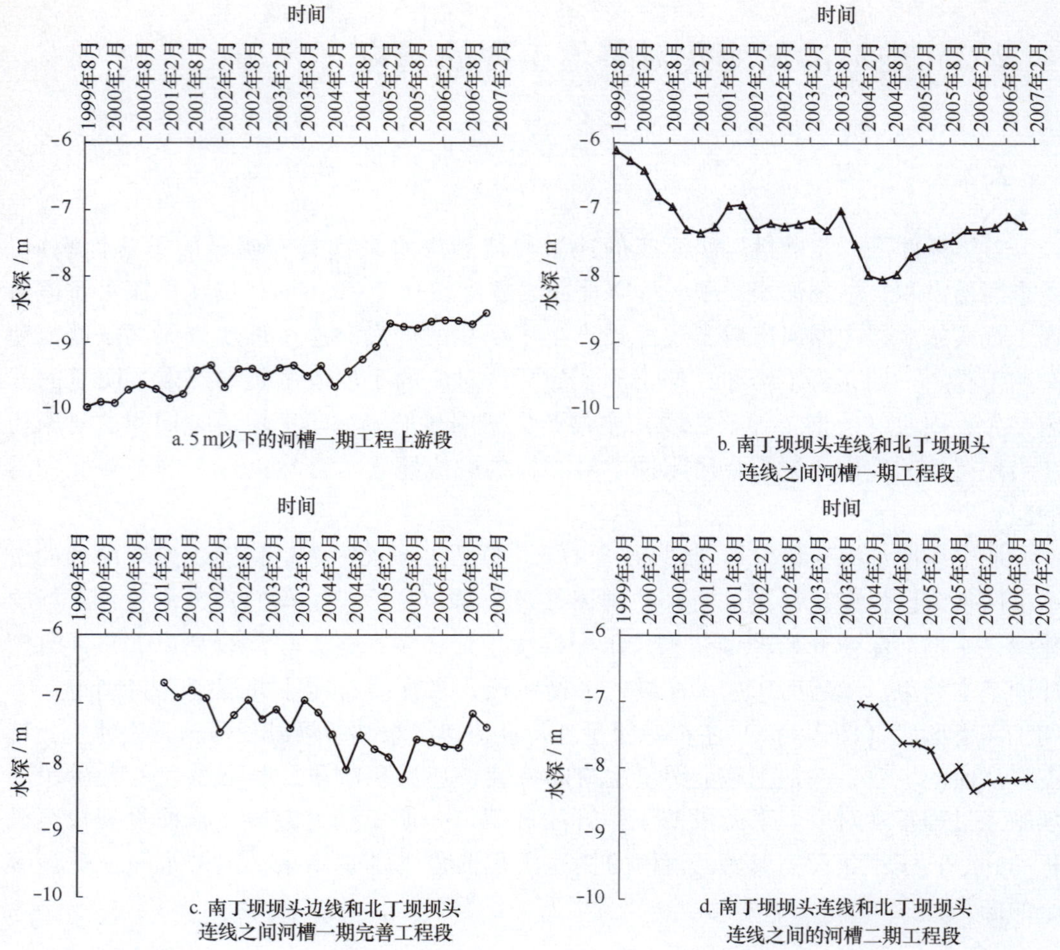

a. 5 m以下的河槽一期工程上游段

b. 南丁坝坝头连线和北丁坝坝头连线之间河槽一期工程段

c. 南丁坝坝头边线和北丁坝坝头连线之间河槽一期完善工程段

d. 南丁坝坝头连线和北丁坝坝头连线之间的河槽二期工程段

图 2－8 各区段主槽平均水深变化

表 2－4 各区段丁坝坝田淤积变化

统计区域*	统计时段	坝田面积/×10⁶ m²	坝田平均水深变化**/m	淤积量/×10⁶ m³	年均淤积厚度/m
上段	2000 年 2 月至 2004 年 2 月	30.5	－2.03	62.1	0.51
上段（丁坝续建后）	2004 年 2 月至 2006 年 11 月	42.9	－1.76	75.5	0.64
中段	2001 年 8 月至 2004 年 2 月	20.2	－0.87	17.6	0.32
中段（丁坝续建后）	2004 年 2 月至 2006 年 11 月	28.9	－1.34	38.7	0.49
下段	2004 年 8 月至 2006 年 11 月	78.1	－1.23	95.9	0.55

注：* 2003 年 8 月至 2004 年 1 月对 N1～N5 丁坝进行续建，N1、N2、N3、N4 和 N5 分别延长 0.59 km、0.80 km、1.09 km、1.10 km 和 1.03 km。** “－”表示水深变小。

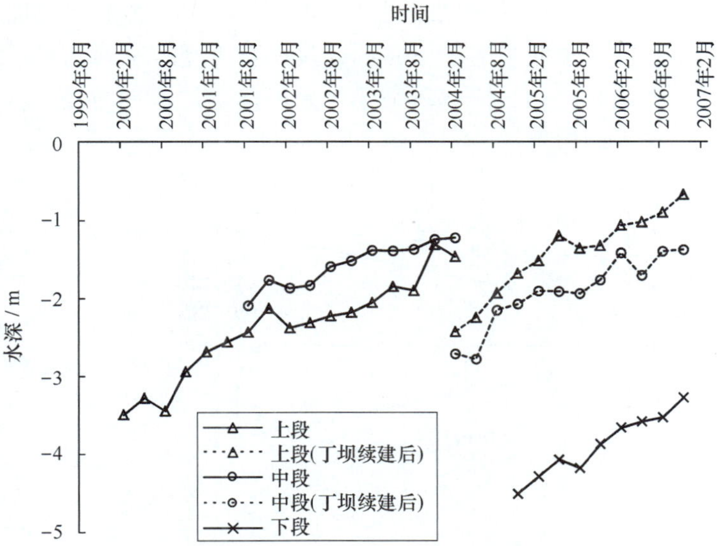

图 2-9　各区段丁坝坝田平均水深变化

2.2.3　冲淤量与丁坝长度的关系

整治工程建设引起的河床冲淤量与工程建设规模有关。根据不同区段丁坝建设前后河床的冲淤量统计发现（表 2-5），各区段主槽冲刷量和坝田淤积量均与丁坝建设长度有关。丁坝建设越长，相应的坝田淤积量和主槽冲刷量就越大。冲淤量与丁坝长度的相关分析表明（图 2-10），坝田淤积量与丁坝长度的相关性好于主槽冲刷量与丁坝长度的相关性，说明坝田淤积与丁坝建设长度密切相关，而主槽冲刷除与丁坝长度有关外，可能还与导堤堵汊引起的水流再分配有关，如江亚北槽的封堵，拦截了部分落潮流进入北槽，加强了主槽的冲刷。

表 2-5　不同时段丁坝建设长度、坝田淤积量和主槽冲刷量统计

统计时段	统计区段	丁坝建设长度/km	坝田淤积量/$\times10^6$ m^3	主槽冲刷量/$\times10^6$ m^3	冲刷量/淤积量
1998 年 9 月至 2000 年 11 月	一期工程段	5.97	30.6	63.9	2.1
2000 年 11 月至 2002 年 11 月	一期工程完善段	5.23	23.5	22.0	0.9
2002 年 11 月至 2005 年 11 月	二期工程段	14.30	93.2	108.1	1.2

从各区段冲刷量/淤积量的值来看（表 2-5），一期工程完善段和二期工程段冲刷量/淤积量的值均接近于 1，说明冲刷量与淤积量基本平衡。而一期工程段主槽冲刷量为坝田淤积量的 2.1 倍，主槽冲刷并非坝田淤积所能平衡。由于坝田淤积与丁坝长度的密切相关，因此，可以认为，一期工程段主槽冲刷量的增大可能是造成该区段冲刷

量/淤积量的值偏大的主要原因。整治工程平面布置和北槽落潮分流比监测资料进一步表明，造成一期工程段主槽冲刷的动力并不仅仅缘自丁坝缩窄河槽，一期工程南导堤封堵了江亚北槽和九段沙窜沟，同样增强了主槽的落潮水流动力。二者共同作用，加强了一期工程段主槽冲刷作用。

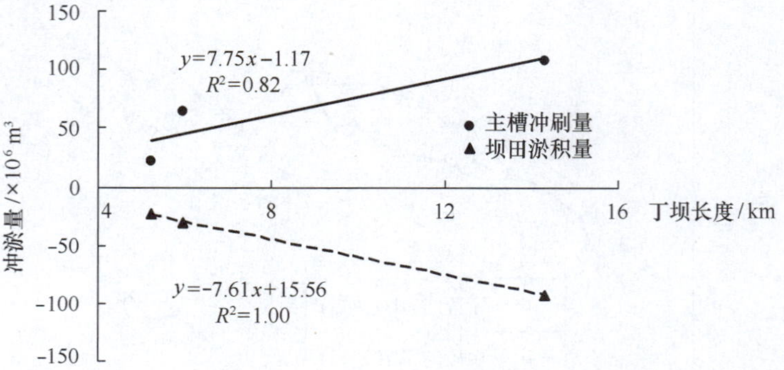

图 2-10　主槽冲刷量、坝田淤积量与丁坝长度的关系

2.3　北槽冲淤演变的认识

2.3.1　冲淤变化特点

1998—2002 年，北槽河床的冲刷量与淤积量基本平衡。2002 年之后，由于坝田的淤积量超过主槽的冲刷量，北槽河槽总容积开始减小（图 2-7）。泥沙预算考虑了航道疏浚的影响，显示出北槽更大的泥沙淤积速率（表 2-2）。2002—2006 年，北槽各年净输入泥沙大于 $60.3\times10^6\ m^3$，2006 年达 $142.6\times10^6\ m^3$。2003 年之后，二期工程航道增深后的回淤增大，进一步加大了北槽的净年均泥沙通量。从河槽容积变化过程来看（图 2-7），2006 年北槽仍呈明显的淤积趋势，表明北槽地貌演变对长江口深水航道治理工程的响应还没有结束，北槽整体尚未达到地貌演变的平衡状态。

2.3.2　冲淤变化原因

长江口深水航道治理工程实施前，北槽维持优良的河势，河槽冲淤多年保持平衡。1998—2005 年，随着长江口深水航道治理工程的实施，整治工程直接改变了北槽的边界条件，进而改变了北槽的水、沙环境。河槽冲淤滞后于工程的建设。2002 年之后，北槽河槽总容积呈现减小趋势。比较北槽河槽容积的变化与整治工程的建设进度、泥沙淤积部位与整治工程的平面布置，可以发现，丁坝的建设是北槽容积减小的直接原因，丁坝坝田是泥沙淤积的主要场所。

北槽整体地貌形态变化表明（表 2-3），伴随着丁坝坝田的淤积和河槽形态的改变，北槽的涨潮流优势总体在增强，落潮流优势在减弱，这将促使涨潮流向北槽输入更多的泥沙。

2.3.3 丁坝坝田淤积趋势

长江口深水航道治理工程采用丁坝群缩窄南、北导堤之间的河槽宽度。除用作航道整治工程外，丁坝群还常用来进行岸滩保护和工程促淤。在有充足泥沙供应的条件下，丁坝坝田内的河床可逐渐淤积至丁坝顶高程附近。从 2005 年、2006 年各区段丁坝坝田平均水深来看，北槽丁坝坝田仍有较大的淤积空间。随着丁坝坝田的进一步淤积，北槽的河槽总容积还将进一步减小。

长江口深水航道整治工程丁坝坝头高程为 0 m，各丁坝坝田平均高程淤积至 0 m 左右或趋于平衡。由于各坝田区的初始水深不同，各坝田区淤积平衡所需的时间有所不同。根据 2006 年 11 月各区段丁坝坝田的初始水深状况，按每年淤积 0.5 m 的速度，计算了各区段坝田淤积至 0 m 时所需的沙量和时间（表 2－6）。由表 2－6 可知，由于起始水深不同，各区段丁坝坝田淤积至 0 m 时所需沙量和时间也各不相同。若按每年平均淤积 0.5 m 的速度延伸计算，丁坝坝田全部淤积至 0 m 时，北槽河槽容积还将减小约 325×10^6 m^3，达到平衡的时间需 6～7 年。

表 2－6　各区段坝田淤积至 0 m 时所需沙量和时间的计算结果

区域	坝田面积/ $\times10^6$ m^2	坝田初始水深/m	淤积至 0 m	
			所需沙量/ $\times10^6$ m^3	所需时间/年
上段	42.9	0.67	28.63	1.33
中段	28.9	1.37	39.60	2.74
下段	78.1	3.28	256.32	6.56

2.3.4 整治工程对北槽河床调整的认识

长江口深水航道整治工程方案为“宽间距双导堤＋长丁坝群”。双导堤主要起“挡沙”作用，而长丁坝群则主要起“归集水流”、增加主槽流速的作用。由于长江口为高含沙水体，丁坝工程在归集水流入槽的同时，将形成大面积的坝田缓流区域，造成淤积。整治工程对北槽河床的冲淤调整过程可概括为“丁坝缩窄河道、主槽冲刷加深、坝田边滩淤涨”。主槽冲刷和坝田淤积的时间过程存在差异，主槽冲刷调整的持续时间通常滞后于工程建成 1 年左右，而丁坝坝田淤积的持续时间则因各坝田区初始水深的不同而不同，可持续 6～7 年（表 2－6）。

长江口深水航道治理二期工程完成后，伴随着丁坝坝田的持续淤积（图 2－9），坝田区的纳潮量和北槽的河槽总容积均将有所减小（图 2－7、表 2－3），从而降低了北槽落潮分流比和落潮流的优势。相应地，北槽主槽河床在工程建设期冲刷调整后会出现一定程度的恢复性淤积，从而会弱化整治工程初期主槽冲刷调整的效果。

综上所述，“宽间距双导堤+长丁坝群”对北槽河床冲淤调整可分为两个阶段（图2-11）。第一阶段为工程建设初期，以主槽明显冲刷和坝田略有淤积为主要特征，发生时间为工程开工至完工1年。第二阶段为工程完工1年之后的恢复性淤积调整，即在工程建设期主槽河床冲刷调整后，伴随着丁坝坝田后续的不断淤积，河槽总容积进一步减小，进而影响北槽的潮动力条件，使主槽出现一定幅度的恢复性淤积。第二阶段的河床调整需丁坝坝田达到冲淤平衡后方能完成。

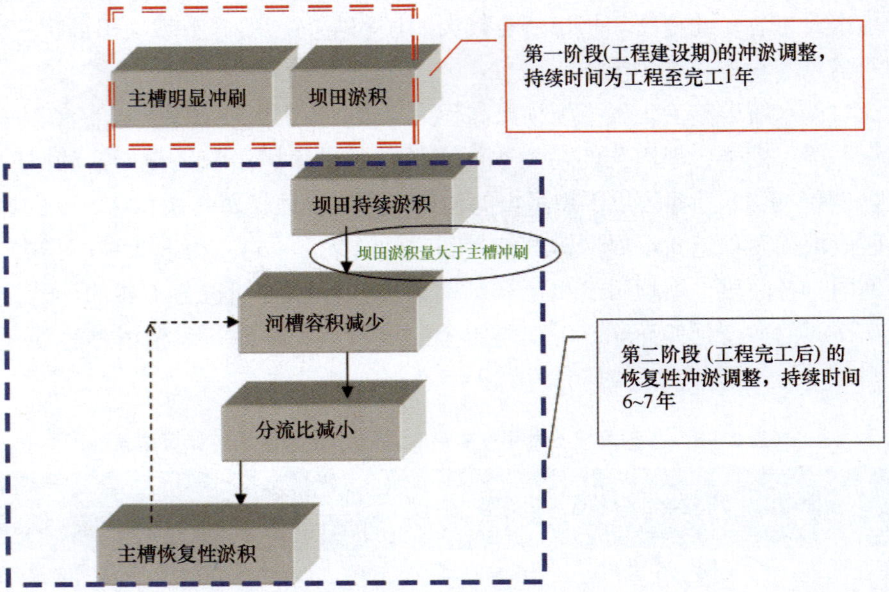

图2-11　整体工程作用下北槽河床的冲淤调整响应过程

2.4　小结

航道整治工程首先改变水流条件变化，进而影响河床的冲淤调整。长江口深水航道治理一、二期工程实施后，丁坝建设对应的北槽上段、中段和下段主槽发生了明显的冲刷，主槽两侧的坝田出现了明显的淤积。由于丁坝建设增加了水流“阻力”，北槽进口段（未建设丁坝）发生了淤积。随着整治工程实施，2002年之后北槽坝田区的淤积量超过了主槽的冲刷量，致使北槽河槽总容积开始减小。整治工程改变了北槽水流和泥沙输移条件，打破了自然条件下北槽的地貌平衡状态。

北槽河床冲淤变化的时间、位置和幅度与长江口深水航道治理工程的施工进度和平面位置进行了比较，表明了河床冲淤对工程建设响应敏感。整治工程引起的主槽冲刷过程通常持续到工程完成后的1个水文年，而坝田区的淤积则可持续到工程完成后的6~7年。

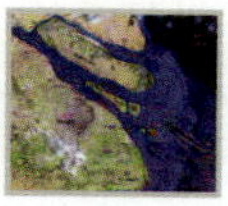

为增强主槽水动力条件而实施的“宽间距双导堤 + 长丁坝群”的整治工程，促进了北槽主槽河床的冲刷，但其坝田的淤积，又导致了北槽河槽容积的减小和潮间带面积的增大，缩减坝田区纳潮量对落潮水流的补充作用。工程后北槽整体地貌形态的演变改变了北槽的潮汐对称性，减弱了落潮流的整体优势，增强了涨潮流的优势，这反过来又促使了北槽主槽发生一定程度的恢复性淤积，从而会弱化整治工程实施初期主槽河床的冲刷调整效果。

第3章 南北槽分汊口冲淤演变及其对一、二期工程的响应

分汊河口是一种常见的河口形态，其维持需要一定的分水、分沙条件。分汊口上提下移及相应的河势变化，将影响汊道间水、沙分配的关系，甚至会引起一汊的冲刷发展，另一汊道的淤积萎缩。由于分汊河口汊道间潮流、泥沙和河槽冲淤的互动性，使得分汊河口的演变规律较为复杂。长江口深水航道治理工程选择第三级分汊的北槽河段，工程实施改变了南、北槽分流分沙条件，引起了分汊河段的冲淤演变。长江口深水航道治理工程南、北槽分流分沙观测断面如图3－1所示。

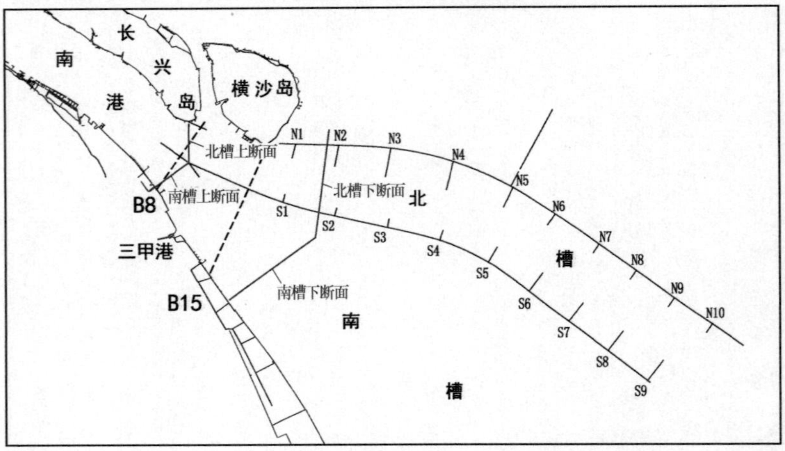

图3－1 南北槽分流、分沙测量断面

3.1 南北槽落潮分流、分沙变化

3.1.1 落潮分流比变化

潮汐河口由于径流的注入，主槽落潮流速往往大于涨潮流速，落潮流通常对河槽演变起主导作用。因此，分汊河口汊道的落潮分流比可集中反映汊道的主支地位，并曾用作判别各汊兴衰的指标（窦国仁，1999）。

长江口深水航道治理工程实施以来，北槽上断面的落潮分流比总体呈减小的趋势，南槽落潮分流比呈增加的趋势（图3－2），北槽下断面的落潮分流比在封堵江亚北槽和

九段沙窜沟（1999 年 3—8 月）经历了大幅增加后，也呈明显的减小趋势（图 3－2）。1999 年 3 月之前，北槽上断面落潮分流比为 60%～62%，下断面落潮分流比约为 52%～54%。1999 年 3—8 月，随着南导堤工程的施工，连接南槽与北槽的江亚北槽和九段沙窜沟逐渐被封堵，期间的北槽上断面落潮分流比略有减小，下断面落潮分流比明显增加。下断面落潮分流比从 1999 年 3 月的 52.4% 增至 1999 年 8 月的 61.4%，增幅达 9 个百分点。1999 年 8 月之后，随着南导堤的延伸，南、北槽由两级分流归并为一级分流，分流口上提至江亚南沙头部。由于横沙通道落潮水流的注入，北槽下断面落潮分流比的值开始大于上断面落潮分流比的值，上、下断面落潮分流比的值相差约 3 个百分点。之后，随着导堤的延伸和丁坝的建设，北槽落潮分流比开始减小，但上断面分流比的减小幅度大于下断面的减小幅度，上、下断面落潮分流比的值分别于 2000 年 11 月和 2002 年 11 月开始小于 50%（图 3－2）。

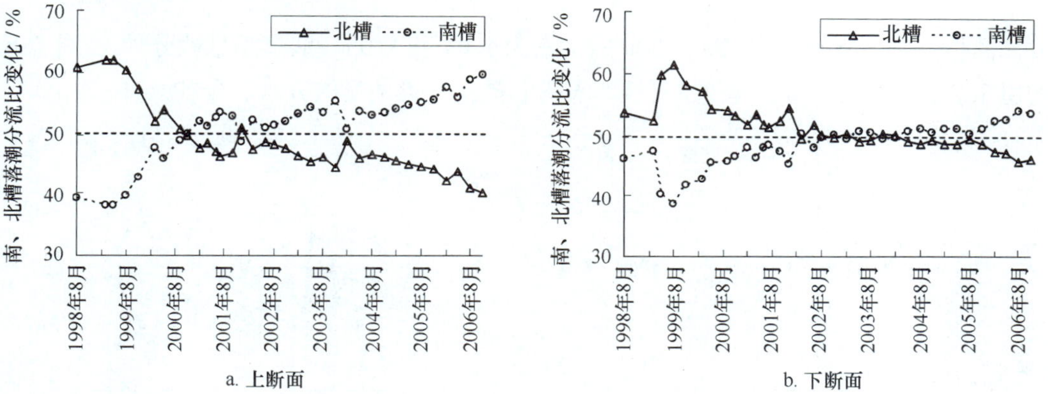

图 3－2　南、北槽落潮分流比变化

3.1.2　落潮悬沙分沙比变化

南、北槽落潮悬沙分沙比的变化过程如图 3－3 所示。由图 3－3 可知，尽管南、北槽落潮悬沙分沙比呈现一定的波动变化，但其总体变化趋势仍较明显。1998 年之后，北槽落潮悬沙分沙比总体呈减小的趋势，南槽落潮悬沙分沙比总体呈增加的趋势（图 3－3）。南北槽落潮悬沙分沙比与落潮分流比的变化过程和趋势基本一致，2000 年 11 月和 2002 年 8 月，北槽上断面和下断面落潮悬沙分沙比的值开始小于 50%。

3.1.3　落潮悬沙分沙比/分流比的值变化

粉砂淤泥质河口海岸，细颗粒泥沙往往随涨、落潮水流运动，因此，潮汐分汊河口汊道的悬沙分沙比的变化往往与分流比的变化同步，即分沙比/分流比的值接近于 1。南、北槽落潮悬沙分沙比/分流比的值变化过程表明（图 3－4），1998 年以来，南北槽落潮悬沙分沙比/分流比的值无明显的趋势变化。北槽上、下断面落潮悬沙分沙比/分

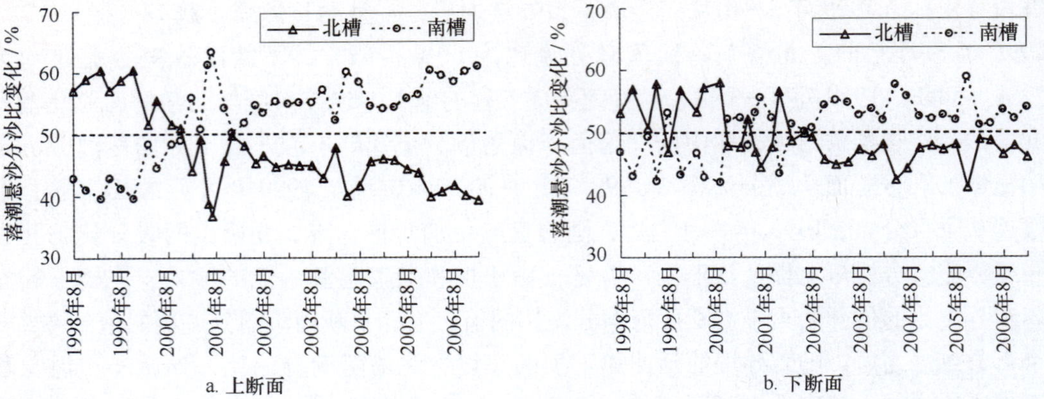

图 3-3　南、北槽落潮悬沙分沙比变化

流比的值分别为0.96和0.95，对应的南槽为1.04和1.05。从落潮悬沙分沙比/分流比的值来看，北槽小于1，南槽大于1，表明北槽具有更优良的分水、分沙条件。

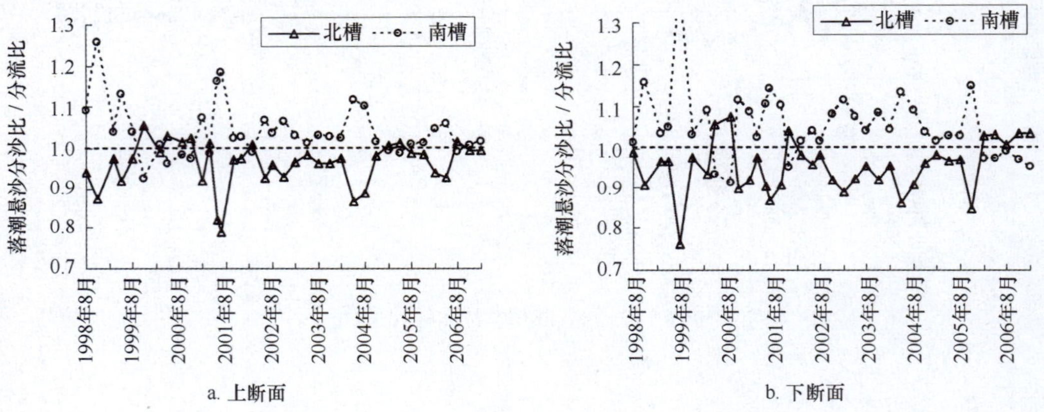

图 3-4　南、北槽落潮悬沙分沙比/分流比的值的变化

3.2　河床冲淤变化

3.2.1　平面冲淤变化

河口河床演变是挟沙水流与河床相互作用的结果。南、北槽落潮分流比的变化表明：深水航道治理工程实施后落潮水流在南、北槽进口段进行了重新调整和分配，分汊口河段的输沙平衡被打破。河槽的冲淤变化是对水流动力调整的响应，以使分汊口河段河槽建立起新的平衡。

工程后，南、北槽分汊口河床地形冲淤变化的最主要特征是，北槽进口段主槽发生了普遍淤积，南槽进口段主槽发生了普遍冲刷（图 3 -5）。由于北槽丁坝工程引起的“束水”阻水作用，使得无丁坝建设的北槽进口段出现了普遍淤积，1998—2006 年平均淤积幅度达 1 m 左右，长兴岛尾部和横沙岛南侧局部最大淤积厚度达 5 m。南槽进口段由于落潮分流比的增大、水动力的增强，主槽长约 18 km 的河段发生了冲刷，平均冲刷幅度约 1.5 m，分流口潜堤和江亚南沙南侧局部区域最大冲刷幅度超过 3 m。但主槽北槽的江亚南沙及其尾部发生了淤积，淤积幅度大于 1 m 的区域向下游延伸至中浚水位站以下 3 ~4 km，江亚南沙向海拉长。

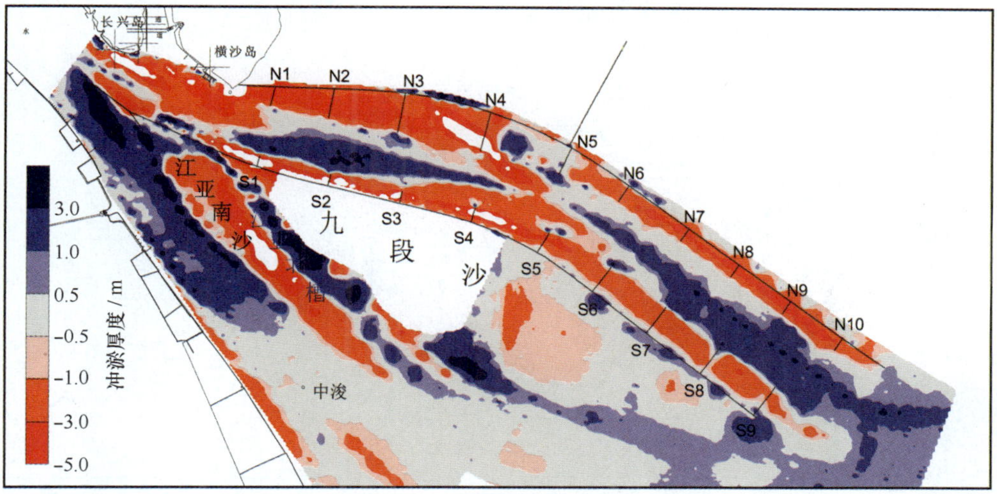

图 3 -5　南、北槽河床冲淤厚度分布（1998—2006 年）

注：负值表示淤积，正值表示冲刷。

3.2.2　横断面变化

河相关系研究表明，河口河槽过水断面面积与落潮量之间维持一定的平衡关系。南、北槽落潮分流比的调整变化，将引起南、北槽河床断面的冲淤调整。

图 3 -6 为南、北槽进口段典型断面的冲淤变化。与 1998 年相比，2006 年北槽进口段大幅淤积，主槽北侧淤积幅度大于南侧，深泓整体向南移动。南槽进口段河槽普遍冲刷，主槽北侧的冲刷幅度大于南侧，深泓整体向北移动。上游侧 B8 断面的河床冲淤幅度大于下游侧 B15 断面的冲淤幅度。

南、北槽分汊段河槽断面的冲淤同时伴随着断面面积的调整。1998 年以来，北槽进口段河槽断面面积总体呈减小趋势，南槽进口段河槽断面积总体呈增加趋势（图 3 -7）。南槽因冲刷增加的断面面积并不能完全平衡北槽因淤积减小的断面面积，南、北槽河床总过水断面面积仍呈减小趋势（图 3 -8）。上、下断面面积对比表明，下游侧的 B15 断面面积减小幅度大于上游侧 B8 断面的减小幅度。B15 断面南、北槽 0 m 以下总过水断面面积由 1998 年的 $73.4\times10^3\ m^2$ 减小至 2006 年的 $65.5\times10^3\ m^2$，减幅达 11%。

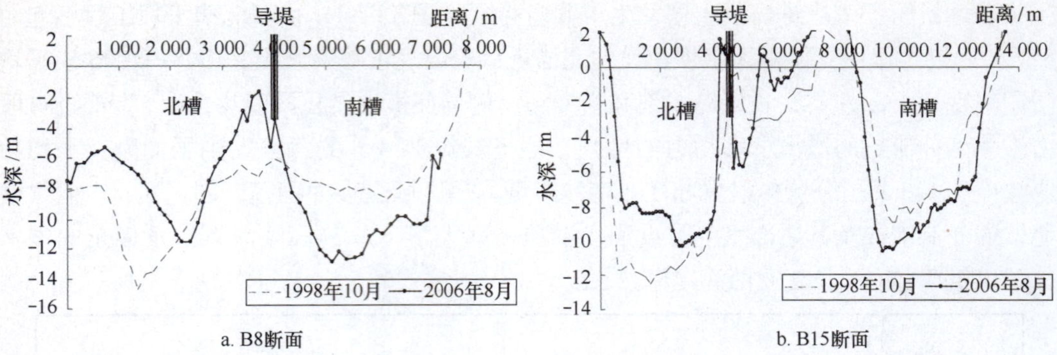

a. B8断面

b. B15断面

图 3-6　典型断面变化

注：断面位置见图 3-1。

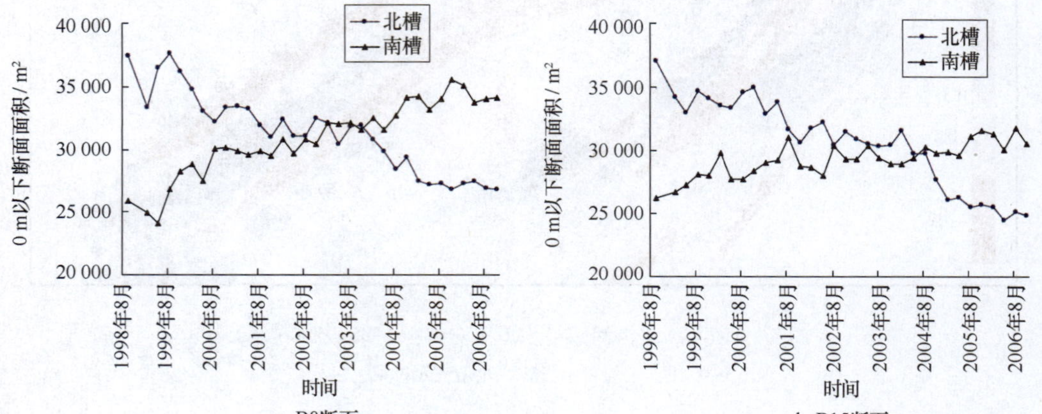

a. B8断面

b. B15断面

图 3-7　河床断面面积变化

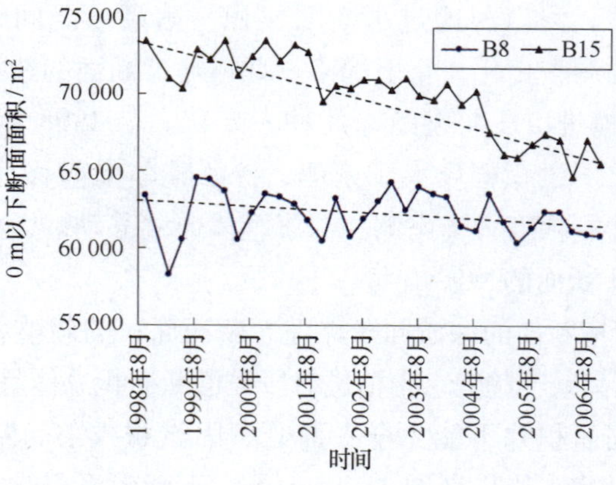

图 3-8　河槽断面面积变化

3.3 河床冲淤对一、二期工程的响应

3.3.1 南、北槽落潮分流比变化原因

影响汊道落潮分流比变化的主要因素有分汊口上游落潮主泓的摆动、汊道的分流条件、汊道的阻力和河槽容积等。由于近几年南港深泓总体较为稳定，因此，南、北槽落潮分流比的调整变化，主要与长江口深水航道治理工程引起的南、北槽分流边界条件、北槽阻力和河槽容积变化有关。

长江口深水航道治理工程实施前，南、北槽保持了较为均衡的落潮分流比。1998—2005 年，在长江口北槽建设了两条导堤和 19 座丁坝，单个丁坝的平均长度达 1.6 km 左右。在工程实施初期，北槽下断面落潮分流比的增加主要是由于江亚北槽的封堵引起的。之后，随着丁坝的建设，北槽的河床阻力不断增加，同时，坝田的淤积又导致北槽河槽容积减小，二者共同作用导致北槽落潮分流比减小。但在工程建设的不同阶段，丁坝引起的北槽河床阻力增加和北槽河槽容积减小这两个因子，对北槽落潮分流比的减小分别起着主导作用。对比工程进度不难发现，北槽落潮分流比明显减小的两个时段为 1999—2001 年和 2004 年之后（图 3 -9），分别对应着一期工程丁坝的建设期和二期工程丁坝建成后。1999—2001 年为一期工程的建设期，期间丁坝的实施直接减小了南、北导堤内北槽的河宽，缩小了河床过水断面，丁坝的阻力作用明显，而同期北槽的河槽总容积却变化不大（图 2 -7）。因此可知，1999—2001 年北槽落潮分流比减小和南槽落潮分流比的增加，主要是一期工程丁坝阻力引起的。

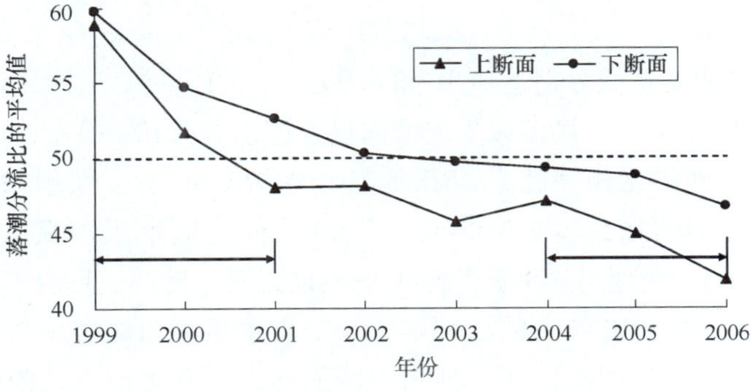

图 3 -9　北槽落潮分流比的变化过程

由于二期工程丁坝建在一期工程丁坝的下游，受一期丁坝的掩护，二期工程尽管建设了更多的丁坝，但对北槽河床总阻力的增加比较有限，2002—2004 年二期整治工程实施期间北槽的落潮分流比减小不明显（图 3 -2）。从北槽的河槽总容积来看，2002 年之后，北槽河槽总容积开始减小（图 2 -7），北槽河槽总容积与北槽落潮分流比具有

较好的相关关系（图 3－10），表明 2002 年，尤其 2004 年之后，北槽河槽总容积的减小，是同期北槽落潮分流比减小的主要原因。

除此之外，因南、北槽分流比调整变化而导致的分汊口河段南槽的冲刷和北槽的淤积（图 3－5、图 3－6），反过来也促进了北槽落潮分流比的减小和南槽落潮分流比的增加，但其影响是被动的，影响的量值也是有限的。

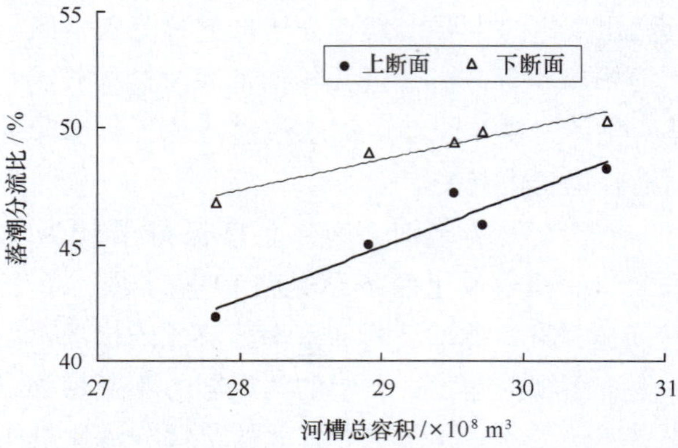

图 3－10　北槽落潮分流比与河槽总容积的关系（2002—2006 年）

3.3.2　南、北槽落潮分流比变化趋势

北槽落潮分流比与北槽河槽总容积之间展现出良好的相关关系（图 3－10），拟合相关关系式为

$$Q_{北槽上断面} = 0.32 V_{北槽}^{1.46} \tag{3-1}$$

$$Q_{北槽下断面} = 3.57 V_{北槽}^{0.78} \tag{3-2}$$

上、下断面的相关系数分别达 0.91 和 0.94。式（3－1）、式（3－2）中：Q 为北槽落潮分流比（%），V 为中潮位以下北槽河槽总容积（$\times 10^8\ m^3$）。

进一步统计发现，北槽河槽总容积的减小主要是由于丁坝坝田的淤积引起的。2002—2006 年，北槽河槽总容积减小约 $2.8 \times 10^8\ m^3$，同期丁坝坝田淤积泥沙 $3.2 \times 10^8\ m^3$。通常坝田内的河床可逐渐淤积至丁坝坝顶高程附近。从目前丁坝坝田平均水深来看，北槽丁坝坝田内仍有较大的淤积空间。随着丁坝坝田的进一步淤积，北槽的河槽容积还将进一步减小。因此，在丁坝坝田淤积达到平衡之前，北槽的落潮分流比还将有一定幅度的减小，南槽落潮分流比相应增加。

3.3.3　河床冲淤对落潮分流比变化的响应

汊道的稳定要求满足自身的输沙平衡。天然条件下稳定的汊道，其潮量（或分流比）和过水断面面积之间保持某种平衡关系。南、北槽落潮分流比的变化，将引起南、北槽分汊段河床断面面积的变化。由于长江口深水航道治理工程的节点控制作用，南、

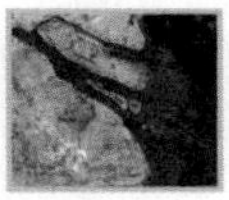

北槽分汊段河槽的平面摆动受到制约，河槽主要通过下切和抬高来改变其断面面积，使其与落潮量（或分流比）相适应。

统计表明，南、北槽分汊河段各汊断面平均水深与落潮分流比具有较好的响应关系（图3－11），北槽落潮分流比的减小伴随着北槽进口段断面平均水深的减小，南槽落潮分流比的增加导致进口段断面平均水深的增大。南、北槽进口段河槽断面平均水深与落潮分流比的相关关系式可表示如下。

$$\text{北槽上断面：} H_{B8\text{北槽}} = 0.2075\, Q_{\text{北槽上断面}}^{0.94} \tag{3-3}$$

$$\text{北槽下断面：} H_{B15\text{北槽}} = 0.4056\, Q_{\text{北槽下断面}}^{0.78} \tag{3-4}$$

$$\text{南槽上断面：} H_{B8\text{南槽}} = 0.6621\, Q_{\text{南槽上断面}}^{0.65} \tag{3-5}$$

$$\text{南槽下断面：} H_{B15\text{南槽}} = 0.1551\, Q_{\text{南槽下断面}}^{0.90} \tag{3-6}$$

式中：H 为断面平均水深；Q 为落潮分流比（%）。

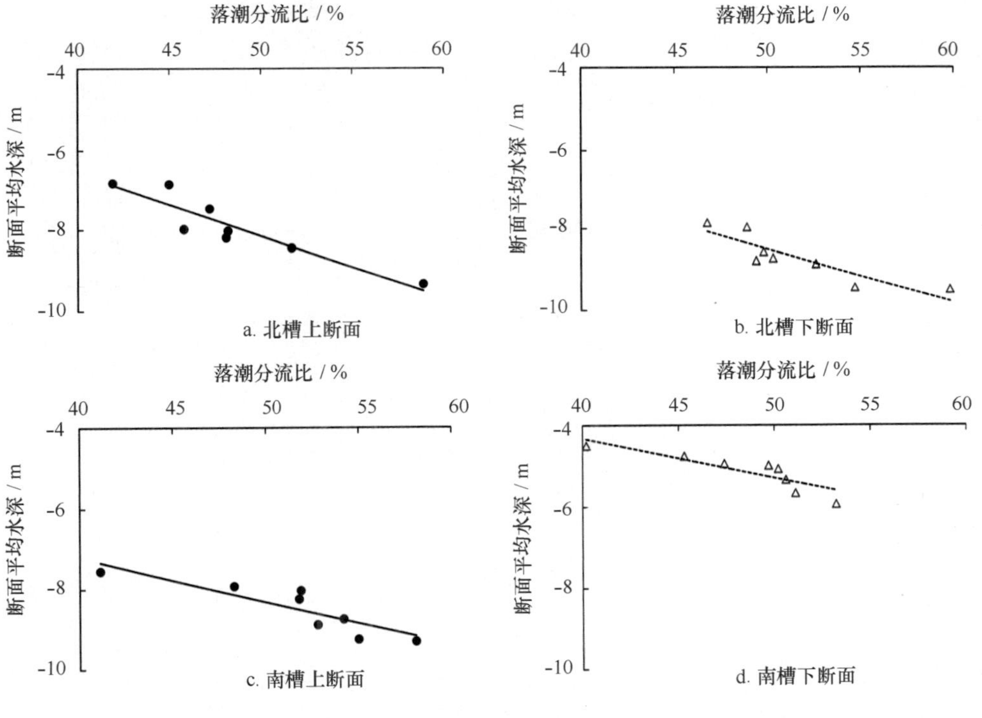

图3－11　南、北槽断面平均水深与分流比的响应关系

注：落潮分流比和断面平均水深均为每年4次测量的平均值。

随着北槽落潮分流比的减小和南槽落潮分流比的增加，北槽进口段水深将会因此继续减小，南槽进口段河槽水深将继续有所增加。若北槽丁坝坝田淤积至0 m，北槽上断面落潮分流比在2006年的基础上再减小7个百分点、下断面分流比减小4.5个百分点，按式（3－3）至式（3－6）计算，北槽进口段B8、B15断面平均水深将分别减小约1.1 m和0.6 m，南槽进口段B8、B15断面平均水深将分别增加约0.7 m和0.4 m。

3.4 小结

长江口深水航道一、二期工程实施后，北槽落潮分流比有所减小，南槽落潮分流比有所增加。伴随南、北槽落潮量分配比例的变化，南、北槽分汊口河床产生了明显的冲淤响应，北槽进口段长约12 km的河段发生了淤积，南槽进口段长约18 km的河段产生了冲刷。南、北槽进口段典型断面平均水深变化与各自的落潮分流比变化之间具有较好的关系，展示出南、北槽进口段河床断面与落潮动力之间的平衡关系。

北槽落潮分流比的变化过程与长江口深水航道整治工程的实施进度进行比较，表明丁坝建设引起的阻力增加及坝田区淤积引起的北槽河槽总容积的减小，是北槽落潮分流比减小的主要原因。一、二期工程实施后，北槽形成了大范围的坝田区。在坝田淤积达到平衡之前，随着丁坝坝田的淤积，北槽河槽总容积还将进一步减小，进而使得北槽的落潮分流比进一步下降。南、北槽进口段河槽将随着南、北槽分流比的调整继续呈现“南冲北淤”的演变态势。

第4章　三期工程YH101（丁坝延长）工程实施效果

2005年长江口深水航道治理二期工程完成后，10 m航道回淤量增大且分布集中于北槽中段，致使三期工程航道疏浚增深困难。经过对回淤原因的研究（谈泽炜 等，2009），提出了"延长丁坝"的三期工程减淤措施（季岚 等，2008），又称YH101工程（图1－6c）。

4.1　YH101工程概况

4.1.1　工程治理思路

YH101工程是在二期工程整治建筑物的基础上，对北槽中上段的丁坝进行延长。其总体思路是，通过调整丁坝长度，缩窄北槽中段河宽，以显著增强中段的落潮动力，并尽可能减小对上、下段动力的削弱；综合考虑各处丁坝加长对北槽纵向和横向流场动力分布的调整作用，使纵向动力的变化平缓，横向动力的分布有利于改善河床断面形态，实现减淤的目的。

4.1.2　工程实施过程

YH101工程分别对北侧的N1～N6丁坝、南侧的S3～S7丁坝进行延长（图1－6c），累计延长4 621 m。工程自2008年下半年开工，主体工程于2009年4月完成（在此之前的2008年9月，对北侧的N4、N5和N6三条丁坝进行过延长，累计加长673 m）。另外，2009年7—10月，实施了南导堤防沙堤加高工程。

4.2　YH101工程实施效果分析

4.2.1　水动力变化

根据现场观测和数学模型计算可知，YH101工程实施后，北槽丁坝延长段对应的区段水动力有所增强。图4－1a是工程前、后北槽中段落潮流速变化。由此图可知，与2008年相比，2009年YH101工程实施后，位于北槽中段的原重点回淤段（H～N单元，长 15.8 km）落潮流速明显增大。现场观测径流、潮汐等水文边界条件难以做到完全相同，因此，图 4－1a 显示出的流速增大只能定性代表工程的效果。为便于定量比较和精确评估工程对水动力的影响，在相同径流、潮流水文边界条件下，数学模型计算了 YH101 工程实施前后的流场变化（图 4－1b）。由图 4－1b 可知，YH101 工程实施后，YH101 工程丁坝加长对应的区段落急流速均有所增大，主要区段位于上航道（B～K 单元），最大增幅达 0.3m/s 左右，位于 G 单元附近。

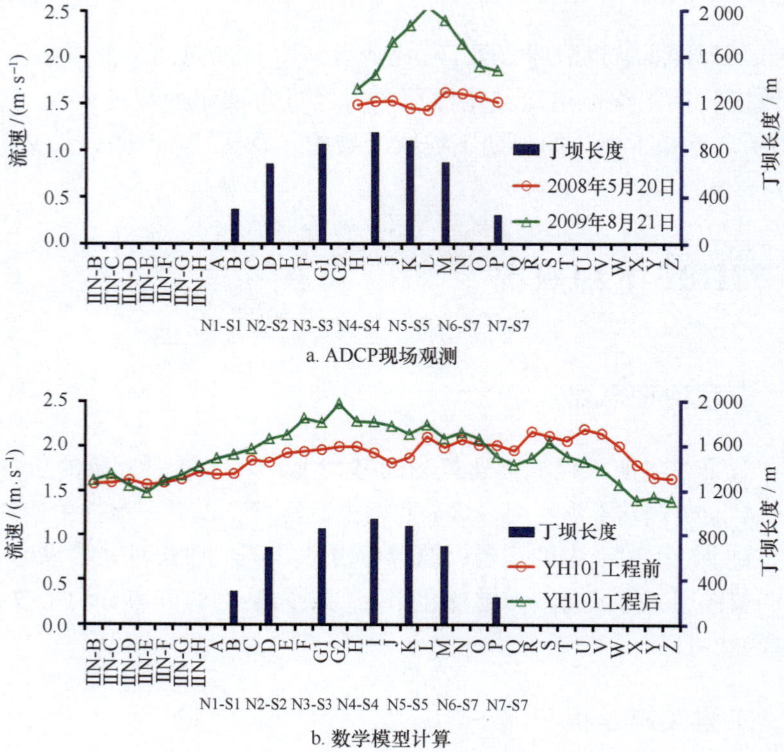

图 4－1　YH101 工程前后落急流速沿程变化

注：（1）ADCP 观测值为航道外侧约 200 m 处的垂线平均流速值；（2）数学模型计算值为航道内的底层流速值；（3）数学模型计算的水文边界条件为大通流量 40 000 m^3/s，北槽中潮差约 3.5 m；YH101 工程前采用 2007 年的地形资料，工程后采用了 2011 年的地形资料。

4.2.2　地形冲淤调整

YH101 工程实施后，随着北槽水动力的调整，河床发生相应的冲淤变化。图 4－2 为 YH101 工程实施 2 年（2009 年 5 月至 2011 年 5 月）后地形冲淤变化。由图可知，除 S6、S7 丁坝坝头附近的南边滩河床略有淤积外，YH101 工程丁坝延长段所在的北槽主槽普遍发生冲刷，最大冲刷幅度在 1.5～3.0 m。对比现场实测与动床物理模型的预测结果可知，工程后“主槽冲刷、坝田淤积”的整体冲淤态势与模型预测基本一致，但主槽实际的冲淤幅度、冲刷范围较模型预测的要大。

图4－3为YH101工程延长丁坝对应的北槽主槽平均水深变化。由图4－3可知，YH101工程实施前，航道南、北侧主槽的平均水深分别约7.5 m和8.0 m。YH101工程实施后的2009年5月至2010年8月，主槽河床持续冲刷。经过一年半之后，主槽的河床冲刷调整基本完成。此时，航道南、北侧主槽的平均水深基本维持在8.0 m和9.0 m，较工程前平均冲刷0.5 m和1.0 m左右。

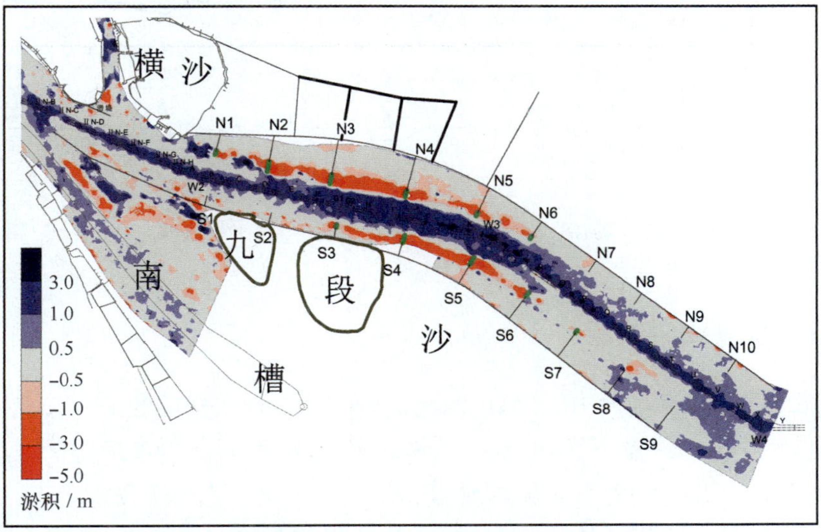

a. 现场观测结果(2009年5月至2011年5月)

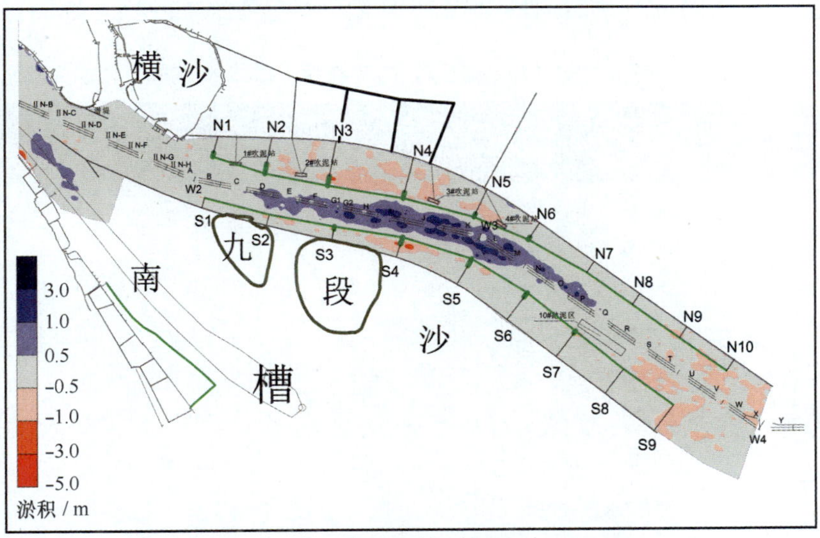

b. 动床物理模型试验结果

图4－2　YH101工程实施2年后地形冲淤变化

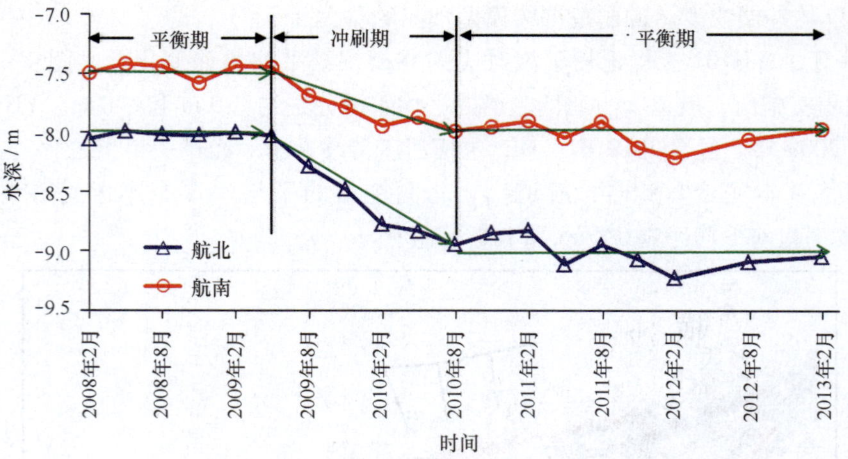

图 4-3　YH101 工程丁坝延长段对应的主槽平均水深变化

4.2.3　航道回淤情况

与 YH101 工程实施前的 10 m 航道相比，YH101 工程实施后的 12.5 m 航道分别向上、向下进行了延伸，维护区段增加了南港段和口外段。与维护 10 m 航道时期（2007—2008 年）比较，12.5 m 深水航道新增南港段和口外段。YH101 工程实施后，与 10 m 航道维护相同的区段内，北槽 12.5 m 航道年回淤量略有增大，从 5 153 × 10^4 m^3 增至 5 533 × 10^4 m^3，增加 380 × 10^4 m^3，年淤积厚度由 2.8 m 增至 3.0 m（表 4-1）。

表 4-1　YH101 工程实施前（10 m 航道）与实施后（12.5 m 航道）常态回淤比较

		工程前（2007—2008 年）	工程后（2010—2013 年）	工程前后差值
南港段（ⅢA ~ ⅡN-A）	回淤量/ × 10^4 m^3		634	634
	年淤积厚度/m		1.4	
	淤强水深比/%		11.4	
圆圆沙段（ⅡN-B ~ A）	回淤量/ × 10^4 m^3	288	1 495	1 207
	年淤积厚度/m	0.6	3.0	2.4
	淤强水深比/%	5.8	23.9	
北槽段（B ~ Z）	回淤量/ × 10^4 m^3	5 153	5 533	380
	年淤积厚度/m	2.8	3.0	0.2
	淤强水深比/%	28.2	24.2	
口外段（ⅡW-A ~ Ⅲ-I）	回淤量/ × 10^4 m^3		65	65
	年淤积厚度/m		0.1	
	淤强水深比/%		1.0	

注：本表中的淤积量为扣除大风天骤淤量后的常态回淤量；淤强水深比为年淤积厚度与航道水深的比值。

尽管如此，由于航道维护水深增大了 2.5 m，12.5 m 航道的淤强水深比却较 10 m 航道有所减小，由 10 m 航道时期的 28.2% 下降到 24.2%。

从各航道单元回淤的沿程变化来看（图 4－4），YH101 工程实施后 12.5 m 航道较 10 m 航道，C 单元以上和 K 单元以下航道回淤量有明显增大，但 D～J 单元回淤量有明显减小。对比 YH101 工程的平面布置可知，实际回淤减小的区段对应的是 S2～S5 丁坝区段，主要为 YH101 工程延长丁坝的上游区，这也与 YH101 工程实施后落急流速增幅较明显的区段基本一致（图 4－1）。另外，从 YH101 工程延长丁坝对应的区段（B～P 单元）航道回淤来看，12.5 m 开通的近 3 年平均回淤量约 5 200×10^4 m^3，而相应区段维护 10 m 航道时约 5 000×10^4 m^3。该区段航道水深增加 2.5 m，实际回淤量也仅增加约 200×10^4 m^3。

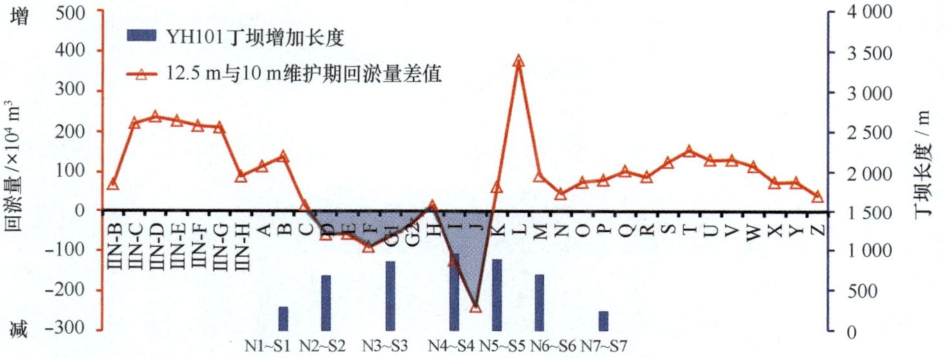

图 4－4　10 m、12.5 m 航道维护期回淤量沿程差异与 YH101 丁坝长度的关系

4.3　工程实施效果综合评价

4.3.1　工程对北槽落潮分流比的影响

南、北槽为长江口第三级分汊。在长江口深水航道治理一、二期工程实施过程中，随着整治建筑物的实施，北槽总阻力增大（包括坝田淤积引起北槽总容积的减小），北槽分流比曾有较大幅度的下降（图 3－2）。

YH101 工程的实施亦增加北槽的阻力。数学模型（定床）计算结果表明，工程实施后北槽（下断面）落潮分流比下降 1.96%。表 4－2 为 YH101 工程实施前后北槽落潮分流比变化。以下断面为例，YH101 工程实施前 2007—2008 年北槽落潮分流比约 43.5%，YH101 工程完工时（2009 年 4 月）为 40.7%，与工程前相比减少 2.8%，较数学模型预测结果略偏大。YH101 工程完工后，北槽主槽进入冲淤调整期（图 4－2、图 4－3）。随着主槽河床的冲刷和 12.5 m 航道的疏浚，北槽容积扩大，河床阻力减小，分流比开始增大。至 2010 年 8 月（工程引起的主槽冲刷调整基本结束），分流比再次恢复到43.2%，与YH101工程实施前基本相当。随后分流比基本稳定在42%～43%。

表4－2 YH101工程实施前后北槽落潮分流比（%）变化

时间	江亚南沙断面（上断面）	九段沙上沙断面（下断面）	备注
2006年8月	41.1	46.0	三期工程开工
2006年11月	40.3	46.3	
2007年2月	40.1	43.4	
2007年8月	40.8	43.5	
2008年5月	40.4	43.5	
2008年8月	38.6	43.6	
2009年4月	38.8	40.7	三期YH101工程完工
2009年8月	38.2	42.0	
2009年11月	35.6	41.6	
2010年2月	36.1	41.3	2010年3月三期12.5 m航道试通航
2010年8月	39.8	43.2	
2011年2月	38.2	42.2	
2011年8月	—	42.2	2011年5月三期12.5 m航道维护期
2012年2月	—	43.1	
2012年8月	—	42.0	

4.3.2 工程效果综合评价

YH101工程实施后，北槽地形和水沙条件得到改善，在航道水深增加2.5 m的情况下，丁坝延长对应的区段（B～P航道单元）回淤没有明显增大。与10.0 m航道相比，北槽12.5 m航道的淤强水深比还有所下降。YH101工程为12.5 m航道建设和维护创造了条件，工程实施效果明显。YH101工程实施后，北槽动力条件、地形冲淤与航道回淤的变化总体上与前期研究成果的预测一致。由此来看，根据前期研究成果制定的“通过调整部分丁坝长度、缩窄北槽中段河宽，以显著增强中段的落潮动力和输沙动力、减少航道回淤量并改善其分布”的工程治理思路是正确的。

但具体各指标的定量比较表明，工程的实际效果与工程前期的数学模型、物理模型研究结果相比，仍存在一定的差异，值得进一步分析讨论。

（1）关于分流比变化。北槽汊道的分流比变化受制于北槽的河道阻力和总容积的变化。根据长江口深水航道一、二期工程实践经验，北槽实施整治建筑物尤其是丁坝建设后，北槽因阻力增加、容积减小，其分流比会有明显的减小。但YH101工程实施后，北槽的分流比先减小，后有所恢复。其原因主要可能是长江口深水航道一、二期

工程除增加了北槽的阻力之外，还引起了北槽总容积较大幅度的减少（刘杰 等，2008）。而 YH101 工程建设后，随即实施了三期工程大规模的航道基建疏浚（长约 92 km 的航道水深从 10 m 增到 12.5 m），扩大了北槽的河槽容积，起到“挖槽引流”的作用，消减了丁坝阻力对北槽分流比的影响。据统计，2009—2010 年因三期工程航道基建疏浚北槽容积扩大了近 $5\ 000 \times 10^4\ m^3$。

（2）关于地形冲淤变化。YH101 工程实施后北槽主槽的冲刷幅度、冲刷范围较原物理模型预测结果偏大，其原因：①可能是动床物理模型试验无法模拟航道基建疏浚，因此，新建丁坝增加的阻力不能通过航道疏浚、容积扩大来抵消，致使北槽落潮分流量下降，弱化了主槽的落潮水流动力；②物理模型试验采用的清水动床模型，没有模拟悬沙输移，因此，坝田区的淤积会较实际小，由此可能导致主槽的冲刷亦偏小。因为实际情况下，为维持过水断面的平衡，坝田的淤积可能会促进主槽的冲刷。

由此来看，YH101 工程建设后，由于随即实施了大规模的航道基建疏浚，起到了挖槽“引流”、扩大北槽容积的作用，减弱了 YH101 工程丁坝阻力对北槽分流比减小的负面影响。因此，北槽实际表现出的水动力变化、地形冲淤变化和航道减淤效果可能是 YH101 工程和大尺度基建疏浚两者共同作用的结果。

4.4 小结

YH101 工程实施后，北槽主槽水动力增强，河床冲刷调整，主要技术指标与工程前期预测基本一致。YH101 工程为长江口 12.5 m 深水航道开通和维护创造了条件，工程的治理思路是正确的，实施效果是明显的。

YH101 工程完成后，随即实施了大尺度的基建疏浚，扩大了河槽容积，抵消了延长丁坝增大的北槽阻力，使得 YH101 工程丁坝建设后，北槽落潮分流比并没有像一、二期工程那样出现明显的减小。三期工程大尺度的航槽疏浚，对 YH101 工程效果的发挥起到了积极的作用。总体来看，YH101 工程完成后长江口 12.5 m 深水航道的回淤量依然较大，开展进一步的减淤措施研究仍是十分必要的。

第 5 章　长江口深水航道回淤变化特征

随着一、二期和三期工程 YH101（丁坝延长）工程的实施，2010 年长江口 12.5 m 深水航道如期开通，实现了原定的治理目标。然而，由于长江口水沙运动的复杂性，12.5 m 航道仍面临回淤量大的技术难题。制定减淤措施需要深入了解航道回淤的原因。

长江口 12.5 m 深水航道长约 92 km，采用分疏浚单元进行回淤计量的方式，沿航道纵向划分 5 个区段、45 个疏浚单元，每个疏浚单元的长度约 2 km，疏浚单元名称以英文字母表示（图 5－1）。另外，各疏浚单元按横向位置又划分为槽南、槽北和槽中 3 个分带。由于每次回淤数据的测量周期不完全相同，为了在统一的标准下进行对比分析，计算了航道的回淤强度 P，即单位面积一天内的泥沙淤积厚度。第 i 疏浚单元上的回淤强度 P_i 可表达为

$$P_i = \frac{Q_i}{\Delta T \cdot A_i} \times 1\,000$$

式中：P_i 为回淤强度，单位 mm/d；Q_i 为航道 i 单元的回淤量，单位 m^3；ΔT 为产生淤积量 Q_i 的时间，单位 d；A_i 为第 i 疏浚单元的面积，单位 m^2。

三期工程航道分段及单元划分见图 5－1、表 5－1。

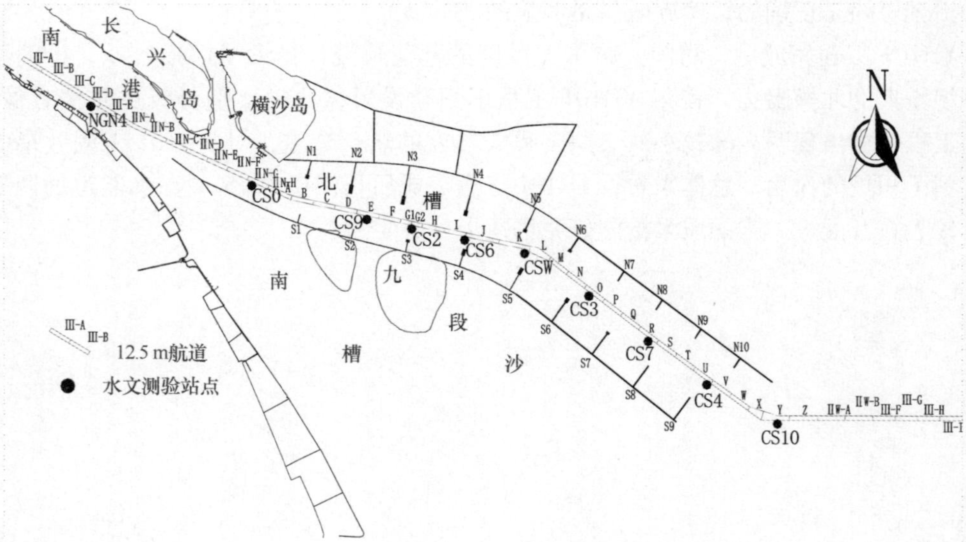

图 5－1　长江口 12.5 m 深水航道疏浚单元布置

表 5 - 1　长江口 12.5 m 深水航道区段

分段	长度/km	疏浚单元
南港航道	10.0	ⅢA ~ ⅢE
圆圆沙航道	17.0	ⅡN - A ~ A
北槽（上）航道	21.8	B ~ K
北槽（下）航道	25.4	L ~ X
口外航道	18.0	Y ~ ⅢH

5.1　不同阶段航道回淤变化

5.1.1　工程前

长江口深水航道治理工程实施以前，北槽拦门沙航道自然水深 5.5 ~ 6 m。1984 年开辟北槽为进出长江口的主航道，以年均疏浚量 1 200 × 10^4 m^3、维护长约 15.7 km、水深 7 m、底宽 250 m 的航道，疏浚范围集中在北槽上段（相当于工程后的 C ~ I 航道疏浚单元之间），即拦门沙的滩顶段。

工程前，北槽 7 m 航道的回淤年内洪季多、枯季少（表 5 - 2、图 5 - 2），洪季半年占全年回淤量的 56.1% ~ 76.7%，平均值约为 65%。年内回淤量最大的月份出现在 6 月、7 月或 8 月，最小的月份通常出现在 2 月。

表 5 - 2　工程前（1985—1990 年）航道回淤量变化

年份	回淤量/ × 10^3 m^3	洪季占全年比例/%	备注
1985	956	56.1	维护 7.0 m 航道，长 15.7 km，宽 250 m
1986	1 237	70.0	
1987	1 094	56.9	
1988	1 182	72.4	
1989	879	76.7	
1990	1 541	59.7	
平均	1 148	64.9	

5.1.2　一、二期工程

长江口深水航道治理一期工程、二期工程和三期 YH101 工程实施后，分别维护 8.5 m、10.0 m 和 12.5 m 航道水深，各阶段对应的航道回淤量及空间分布见表 5 - 3 和图 5 - 3 。由图可知，随着航道的浚深、延长和拓宽，深水航道的回淤量总体呈增大态

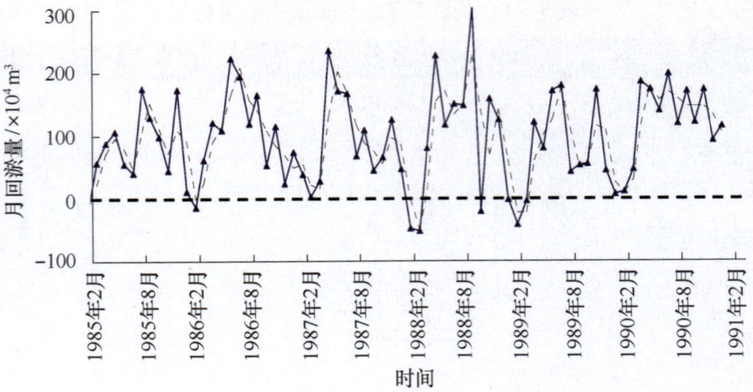

图 5－2　工程前回淤量年内变化

势。二期工程后，北槽航道的回淤增大，呈向中段集中的态势。

表 5－3　一、二期工程（2000—2008 年）航道回淤量变化

年份	回淤量/×10³ m³	洪季占全年比例/%	备注
2000	2 369		一期工程 8.5 m 航道，长 51.8 km，宽 300 m
2001	2 103	71.0	
2002	2 097	98.0	
2003	1 838	76.0	
平均	2 102	81.7	
2004	1 705	100.0	二期工程基建期
2005	3 555	78.0	二期工程 10.0 m 航道，长 74.5 km，宽 350 m
2006	4 150	79.0	
2007	6 127	78.0	
2008	5 767	80.0	
平均	4 900	78.8	

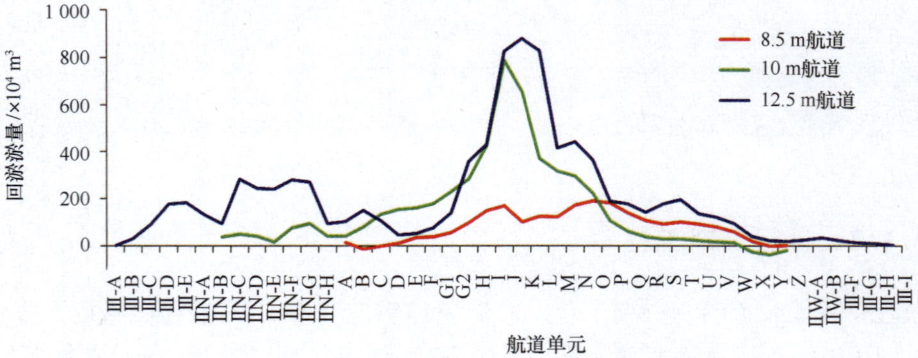

图 5－3　各工程阶段航道回淤量沿程分布

一期工程、二期工程航道回淤年内仍呈洪季多、枯季少的变化特点，洪季回淤量占全年回淤量的 80% 左右（表 5 -3）。与工程前相比，年内洪季回淤所占比重有所提高，航道回淤更加向洪季集中。

5.2　12.5 m 航道回淤变化

5.2.1　回淤的时间变化

按测次分别计算了 12.5 m 航道全槽平均回淤强度，其时间变化过程见图 5 -4。由图可见，12.5 m 航道回淤强度各测次间存在明显的波动变化。与主要气象条件对比表明，回淤强度较大的峰值多与大风浪过程有关，表明航道回淤存在明显的大风骤淤现象。现场多次观测表明，大风浪之后航道内多发育有浮泥（刘杰 等，2013）。图 5 -4 表明，回淤强度大于 20 mm/d 的测次基本都与长江口出现的大风浪过程有关。

按自然月进一步统计了全槽平均回淤强度（图 5 -5），可以看出，航道回淤在年内呈现明显的洪季大、枯季小的变化特征，其中洪季的 7—10 月是全年回淤最大时段。统计表明，洪季半年回淤量占全年回淤量的 80% 以上。

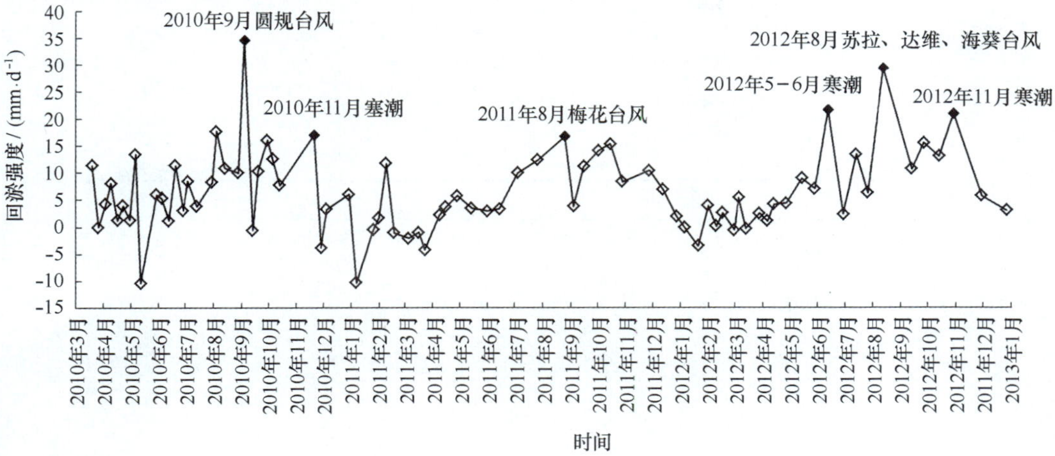

图 5 -4　逐测次回淤强度变化

5.2.2　回淤的空间变化

从航道回淤的沿程分布来看，12.5 m 深水航道回淤有两个峰值区（图 5 -6）。以回淤强度 5 mm/d 统计，上游回淤的峰值区段位于南港—圆圆沙段航道（Ⅲ - A ~ A 单元），长 27 km。以回淤强度 10 mm/d 统计，下游回淤的峰值区主要位于北槽中下段航道（G2 ~ T 单元），长 29 km。北槽中下段航道是 12.5 m 航道主要的回淤峰值段，该段

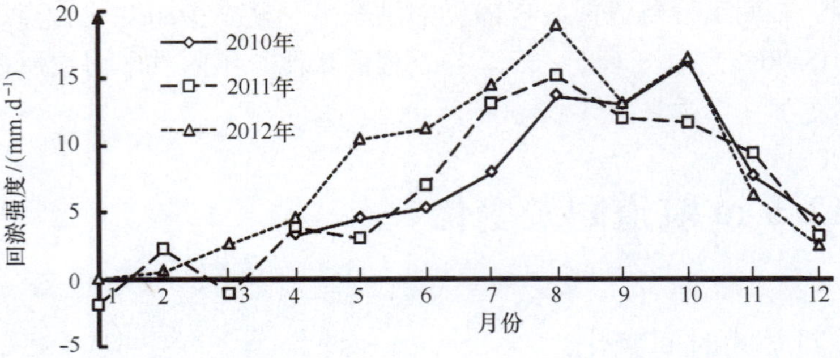

图 5－5　月回淤强度变化

航道约占三期航道总长（92.2 km）的 31%，而其回淤量则占全航道的 60% 左右。南港—圆圆沙段航道为回淤的第二峰值区段，占全槽回淤量的 30% 左右。

从航槽南、北回淤强度对比来看，南港—圆圆沙段航道北侧回淤大于南侧，而北槽中下段则呈航道南侧回淤大于航道北侧（图 5－6）。统计表明，南港—圆圆沙段航道槽北回淤是槽南的 1.4 倍，北槽中下段槽南是槽北的 1.5 倍。

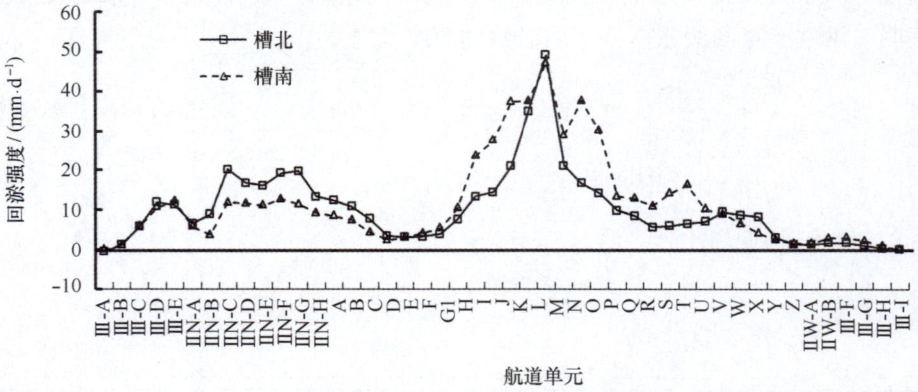

图 5－6　深水航道回淤强度空间分布

5.2.3　回淤泥沙的颗粒情况

2012 年 2 月（枯季）、9 月（洪季）航道内河床质泥沙颗粒情况见图 5－7。由图可知，12.5 m 航道回淤泥沙纵向呈上游粗、下游细，洪季粗、枯季细的变化特点。上游的南港—圆圆沙段航道泥沙明显粗于北槽航道段。南港—圆圆沙段航道洪季泥沙颗粒中值粒径普遍大于 0.063 mm，以极细砂、细砂为主。而下游的北槽航道泥沙中值粒径多在 0.016～0.048 mm，为中粉砂、粗粉砂。2012 年洪季采集的航道底质样品如图 5－8、图 5－9 所示。

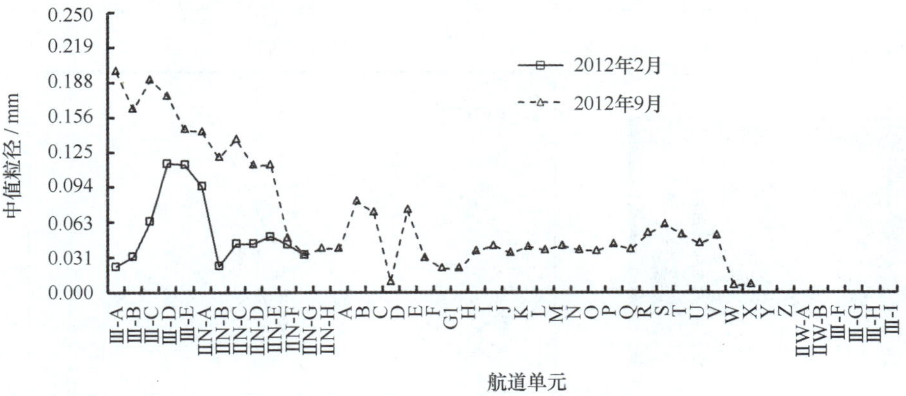

图 5－7　航道底质颗粒沿程变化

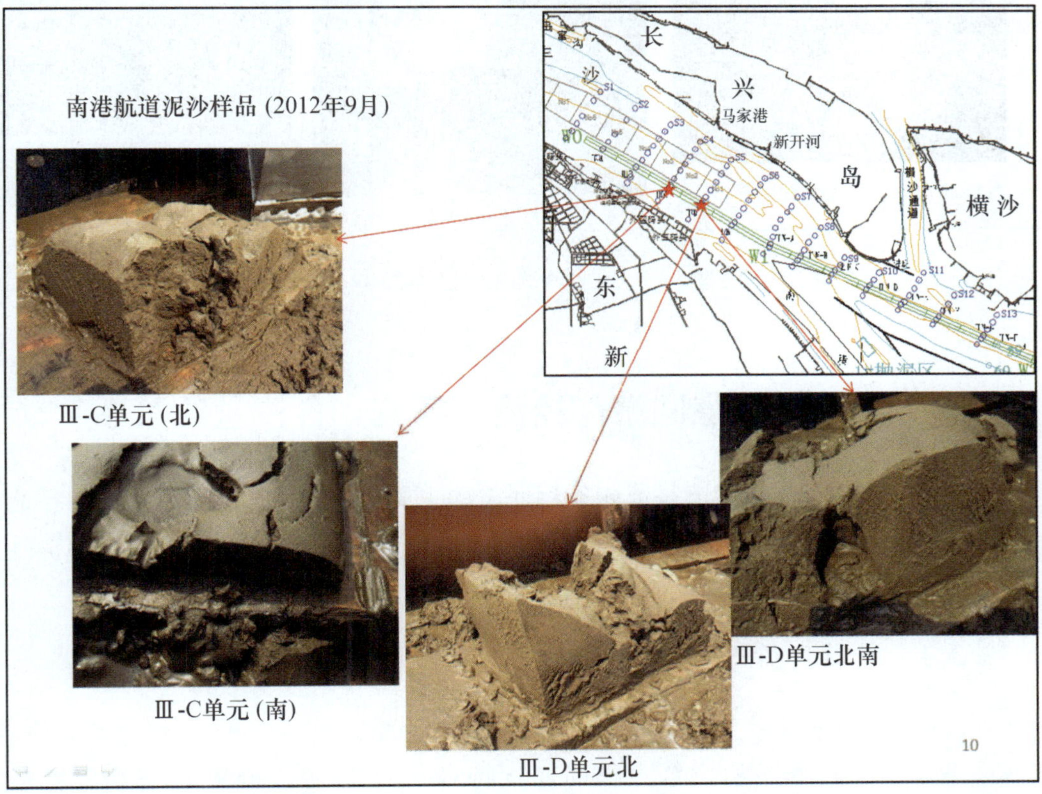

图 5－8　南港航道内采集的底质样品

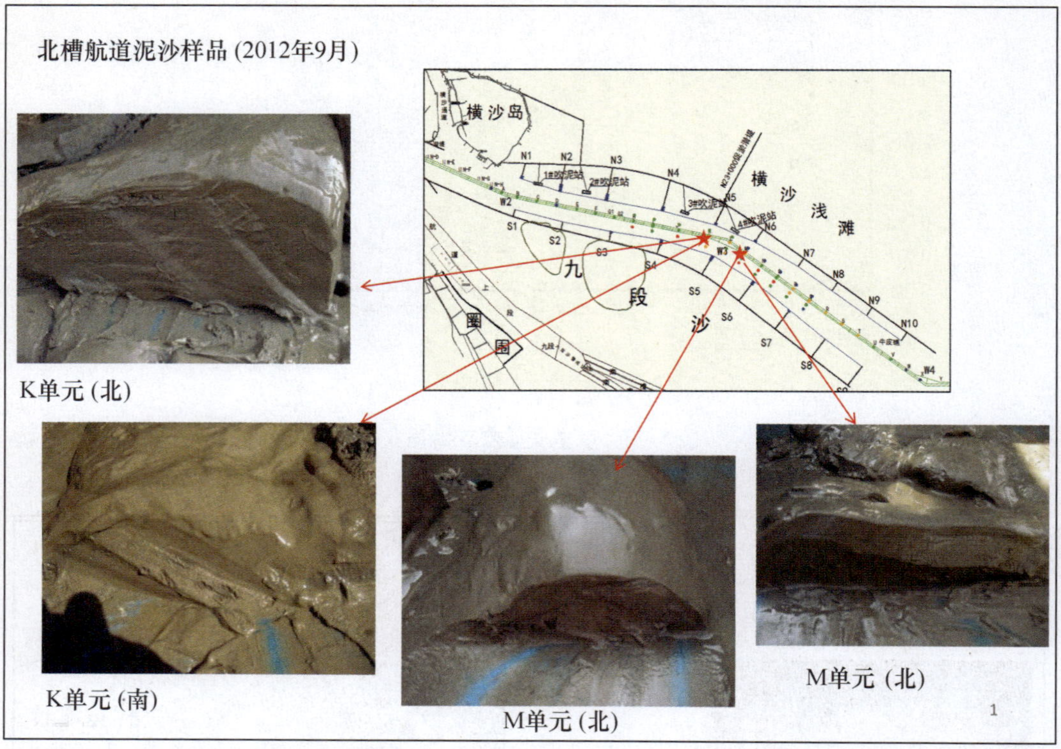

图 5 – 9　北槽航道内采集的底质样品

5.3　12.5 m 航道回淤与径流、潮流、含沙量的关系

常态条件下，径流和潮流是影响航道回淤的主要动力因素。在研究回淤与径流、潮流和含沙量等因素的关系时，为避免大风“骤淤”因素对分析研究结果的干扰，以下采用常态水文条件下的航道回淤资料进行分析。

5.3.1　航道回淤与径流的关系

长江口深水航道一、二期工程北槽航道回淤年内呈现洪季多淤、枯季少淤，洪季淤积位置下移，枯季淤积位置上提的变化特点（刘杰 等，2009）。三期工程后，12.5 m 航道回淤年内分布仍呈现出洪季大、枯季小的变化特征，表明航道回淤仍受流域来水的影响。将近 3 年的回淤资料，按流量进行分组，得出不同流量等级下航道回淤的纵向分布（图 5 – 10）。由图可知，随着流量的增大，北槽航道回淤呈现主要部位下移、回淤峰值增大的变化特征；但南港—圆圆沙段航道回淤量随流量变化却不敏感。北槽航道回淤部位随流量增大而下移，主要缘于北槽中下段（L 单元以下）回淤增大所致，中上段（L 单元以上）回淤变化不明显。统计表明，长江流量从 20 000 m^3/s 增至 50 000 m³/s，北槽回淤分布的重心位置下移 8～10 km。该量值与一、二期工程北槽航道回淤年内季节性上、下移动 7～11 km（刘杰 等，2009）较为接近。

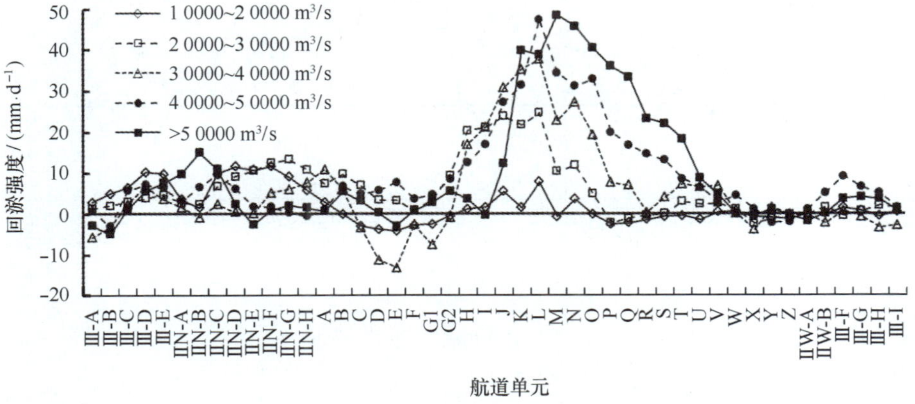

图 5－10　不同流量等级的航道回淤分布

5.3.2　航道回淤与潮流的关系

长江口一个完整的大中小潮周期约 15 d。大潮与小潮期动力条件差异明显，对航道回淤分布的影响应有所不同。由于径流变化影响航道回淤（图 5－10），为尽可能避免径流的影响，在研究航道回淤与潮流的关系时，尽量选取流量相当条件下的大潮和小潮期的航道回淤资料。表 5－4 是从 72 测次资料中选出的大、小潮期各两组回淤数据，图 5－11 是对应的回淤强度纵向分布。由图 5－11 可知，大、小潮不同动力条件，航道回淤分布亦有明显的差异。大潮期北槽主要回淤部位为 H～T 单元，而小潮期回淤部位，尤其是回淤的上锋面明显上提。以回淤强度 20 mm/d 计，小潮期回淤的上锋面位置较大潮上提 6～7 km。小潮期较大潮期，北槽航道回淤分布的重心上提约 2 km。而南港—圆圆沙段航道，则呈大潮回淤强度大、小潮回淤强度小的变化特征。

表 5－4　大、小潮航道回淤资料分类情况

序号	回淤量测量时段	潮型	北槽中潮差/m	大通流量/（$m^3 \cdot s^{-1}$）
1	2010 年 9 月 19 日至 9 月 29 日	大潮	3.31	42 700
2	2010 年 10 月 5 日至 10 月 13 日		3.86	37 400
3	2010 年 9 月 13 日至 9 月 19 日	小潮	1.75	43 100
4	2010 年 9 月 29 日至 10 月 5 日		2.07	39 600

注：以北槽中站年平均潮差 2.65 m 为标准划分大、小潮。

5.3.3　航道回淤与含沙量的关系

航道回淤通常由推移质泥沙和悬移质泥沙淤积造成的。悬移质泥沙引起的航道淤

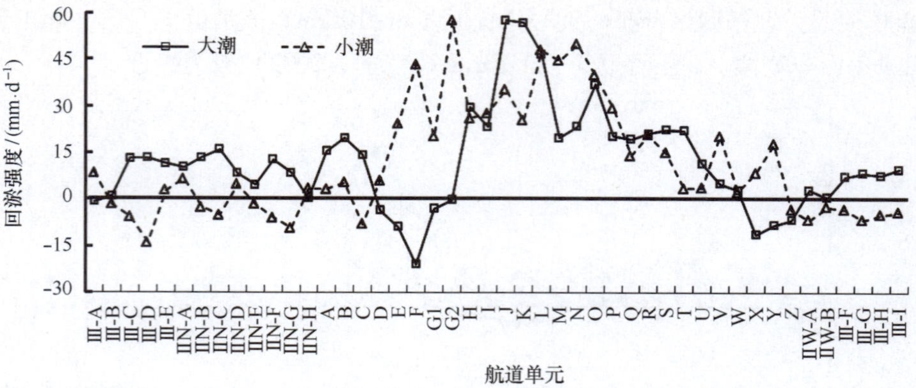

图 5－11　大、小潮条件下的航道回淤分布

积，其回淤强度与航道周边水体含沙量的大小有关。12.5 m 深水航道含沙量时空分布呈现南港—圆圆沙段航道含沙量小、垂线分布相对均匀；北槽受细颗粒泥沙絮凝、盐淡水分层与河口滞流点等因素的影响，存在河口最大浑浊带，含沙量大且垂向分布不均匀，底层含沙量异常大（刘杰 等，2013）。图 5－12 是 2012 年航道回淤分布与含沙量分布的比较。由图可知，12.5 m 航道所在的北槽河段，其含沙量呈明显的洪季高、枯季低，以及北槽中段较上、下游高的分布特征。北槽含沙量的时空变化特征与北槽航道呈现出的“中段回淤大、洪季回淤大”的时空变化特征定性上是一致的。现场河床质采样发现（图5－7），北槽航道内底质颗粒细。综合以上判断，北槽航道的淤积应主要以悬沙淤积为主。而南港—圆圆沙段航道含沙浓度低，且含沙量垂向差异小，含沙量洪枯季变化与航道回淤的洪枯季变化的关系不明显（图 5－12）。该段航道回淤呈大潮回淤量大、小潮回淤量小的变化特征。现场河床质采样发现，南港—圆圆沙段航道内底质泥沙颗粒粗（图5－7），且大潮期底沙输移量大，航道回淤量大，因此，判断该段航道应以底沙淤积为主。

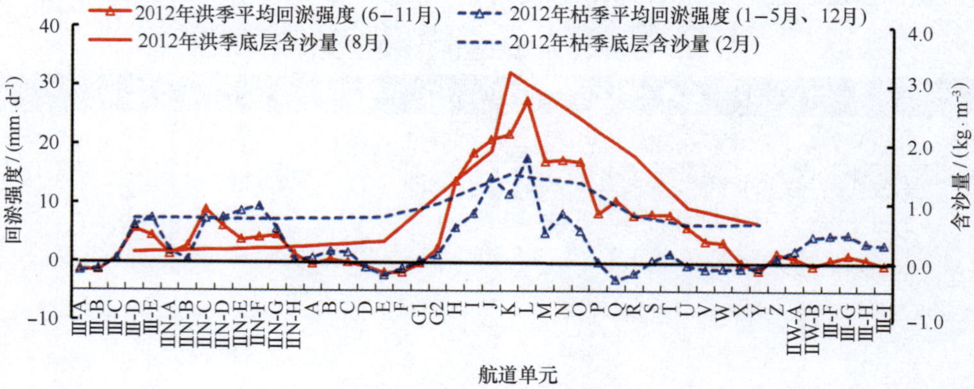

图 5－12　航道回淤分布与含沙量分布的沿程比较（年内洪枯季）

5.4 小结

在径潮流动力强劲、含沙量高的长江河口段，航道疏浚增深后，仍面临着复杂的回淤问题。研究航道回淤变化特征，是了解航道回淤原因和制定减淤措施的基础性工作。

通过对 2010—2012 年航道回淤资料的分析，可以看出 12.5 m 深水航道回淤变化有如下几个特征：①从时间上看，年内回淤分布洪季大、枯季小，短期的大风骤淤明显。②从空间上看，航道回淤主要集中在南港—圆圆沙段和北槽中下段两个航道区段，其中南港—圆圆沙段航道北侧回淤大于南侧，而北槽中下段南侧回淤大于北侧。北槽中下段是 12.5 m 航道最主要的回淤区段。③南港—圆圆沙段航道回淤与径流的关系不密切，与潮流的关系表现为大潮期回淤强度大，小潮期回淤强度小；北槽航道回淤部位随径、潮流变化而变化，表现为径流增大，回淤的整体部位下移；潮动力减弱，回淤部位上提。④南港—圆圆沙段航道内泥沙颗粒粗，以极细砂、细砂为主；北槽航道内泥沙颗粒较细，以中、细粉砂为主。

根据航道回淤特征及其与径流、潮流和含沙量关系判断，南港—圆圆沙段回淤主要是以底沙为主，北槽中下段回淤主要以悬沙为主。北槽是 12.5 m 航道最主要的回淤区段。长江口存在的巨大拦门沙浅滩，在潮流、波浪作用下造成泥沙再悬浮，可能是北槽航道淤积最主要的泥沙来源。

第6章　长江口12.5 m航道浮泥变化过程

浮泥是一种高含沙浓度的流体，主要由细颗粒泥沙与水共同组成，含沙量在每立方米几十千克到几百千克，常常出现在淤泥质河口、海岸地区。

大风浪后的浮泥发育是航道非常态淤积的一种表现。20世纪70年代，在长江口拦门沙航道的疏浚挖槽内发现最大厚度达1.2 m的浮泥层，随后浮泥特性和适航水深问题引起了关注，并认为挖槽增深可导致浮泥厚度增大（徐海根 等，1994）。2000年，在一期工程8.5 m水深的航槽内发现有明显的浮泥发育（张华，阮伟，2002）。与国内外海岸港口地区，浮泥发育部位相对稳定和几何尺度变化相对缓慢有所不同的是，长江口径流大，潮流强，浮泥形成后其厚度和体积等几何尺度具有明显的随大小潮和涨落潮变化的特性（蒋国俊，姚炎明，2006）。以下主要利用长江口12.5 m深水航道几次主要大风浪后的浮泥观测资料，分析探讨12.5 m航道浮泥的变化规律。

6.1　资料与方法

一般认为浮泥层的上界面容重为1.03～1.05 t/m^3，下界面容重为1.24～1.25 t/m^3，上、下界面之间为浮泥体。本章浮泥资料来源于双频测深仪测量的航道水深数据和浮泥测量系统测得的浮泥数据。已有研究表明（冯俊，2011），基于双频测深仪测得的高低频水深与浮泥上下界面位置具有良好的一致性，高低频水深差基本可以代表浮泥层厚度。浮泥测量系统由Rheotune泥浆密度计、双频测深仪（高频200 kHz、低频24 kHz）及SILAS软件组成，可直接测量浮泥密度的垂向分布。浮泥测量系统在长江口的现场应用表明，深水航道浮泥的密度存在明显的上、下两个拐点（李为华，刘高峰，2011），上层拐点处密度平均为1.033 t/m^3，下层拐点处密度平均为1.245 kg/m^3，两拐点之间，即可认为是浮泥的厚度。船载浮泥测量系统落潮时沿航道自上向下测量，涨潮期沿航道自下向上测量。浮泥厚度与浮泥纵向的长度和航道宽度三者相乘，得到浮泥的体积。

6.2　浮泥变化过程观测

6.2.1　2010年10月寒潮后浮泥变化

2010年10月20—31日，受连续寒潮大风及台风“暹芭”的外围影响，12.5 m深

水航道出现大范围的浮泥。此次寒潮期间长江口潮汐基本处于中潮－大潮－中潮的变化过程，上游来水处于洪季末期的下降过程，大通流量约 23 000～28 000 m^3/s。

现场观测到的航道内水体密度沿程分布如图 6－1 所示。寒潮之后高低频水深变化见图6－2。由图可见，寒潮初期（10 月 18 日），浮泥特征不明显（图 6－2a）。至寒潮末期（10 月 31 日，小潮），深水航道已普遍存在强度较大的浮泥，主要位于北槽上航道（W2～W3）区段，浮泥层厚度最大达 3.5～3.8 m，浮泥体积达 2 700 × 10^4 m^3 左右。5 天之后的 11 月 2 日、3 日、4 日观测显示（小潮至中潮前期），浮泥明显上移，浮泥体积开始减小，主要分布于 H 单元以上区段，厚度达 1.5～3.4 m，其中尤以ⅡN－C～E 单元为最，H 单元以下的北槽中下段航道浮泥厚度明显减小。此时，浮泥体积仍在 2 500 × 10^4 m^3 左右。11 月 4 日之后（图 6－2b），浮泥仍主要分布于ⅡN－C～E 单元之间，但体积明显变小，浮泥逐渐趋于消散。

6.2.2 2011 年 6 月“米雷”台风后浮泥变化

“米雷”台风对长江口影响时间段为 2011 年 6 月 25—27 日，期间正值洪季小潮，上游大通流量约45 000 m^3/s。“米雷”台风后浮泥观测从6 月 27 日（农历五月二十六，小潮后期）开始，持续到 7 月 2 日（六月初二，大潮）结束，期间利用浮泥测量系统沿航道共完成 7 次纵向浮泥往返观测，相应的浮泥厚度变化见图 6－2。

由图 6－3 可见，“米雷”台风后浮泥体积不大，约 70 × 10^4 m^3，浮泥厚度基本都小于 1 m。台风后观测到的浮泥主要分布北槽中段，但在一个潮周期内随涨落潮会发生明显的上下移动，涨潮时浮泥体主要位于北槽中上段，落潮时则位于北槽中下段，厚度大于 0.5 m 的浮泥体移动范围主要在 D～Q 单元。以浮泥重心统计，一个涨、落潮内，浮泥上下摆动 13～18 km。

6.2.3 2011 年 8 月“梅花”台风后浮泥变化

2011 年“梅花”台风从 8 月 6 日开始影响长江口，至 8 月 8 日早晨风力明显减小，期间长江口观测到的最大波高达 4.5～5.0 m。此次台风与长江口中小潮相遇，期间长江的径流约 30 000 m^3/s。针对“梅花”台风风后的影响，利用浮泥测量系统在长江口北槽深水航道共开展了为期 9 天、12 次往返纵向浮泥观测，相应的浮泥厚度变化如图 6－4所示。

由图 6－4 可知，“梅花”台风后北槽航道内浮泥发生强度较大，浮泥体积近 500 × 10^4 m^3，最大厚度达 2.5 m。“梅花”台风后浮泥主要发育在北槽上、下段航道内。总体来看，浮泥形成后随涨、落潮而上下移动。在浮泥形成后的初期（小潮，8 月 8—12 日），浮泥体积较大且整体略向上运移。而在随后的中潮、大潮期（8 月 12—16 日），伴随着潮汐动力的增强，浮泥体积持续减小并趋于消散，但浮泥重心位置总体变化不大。

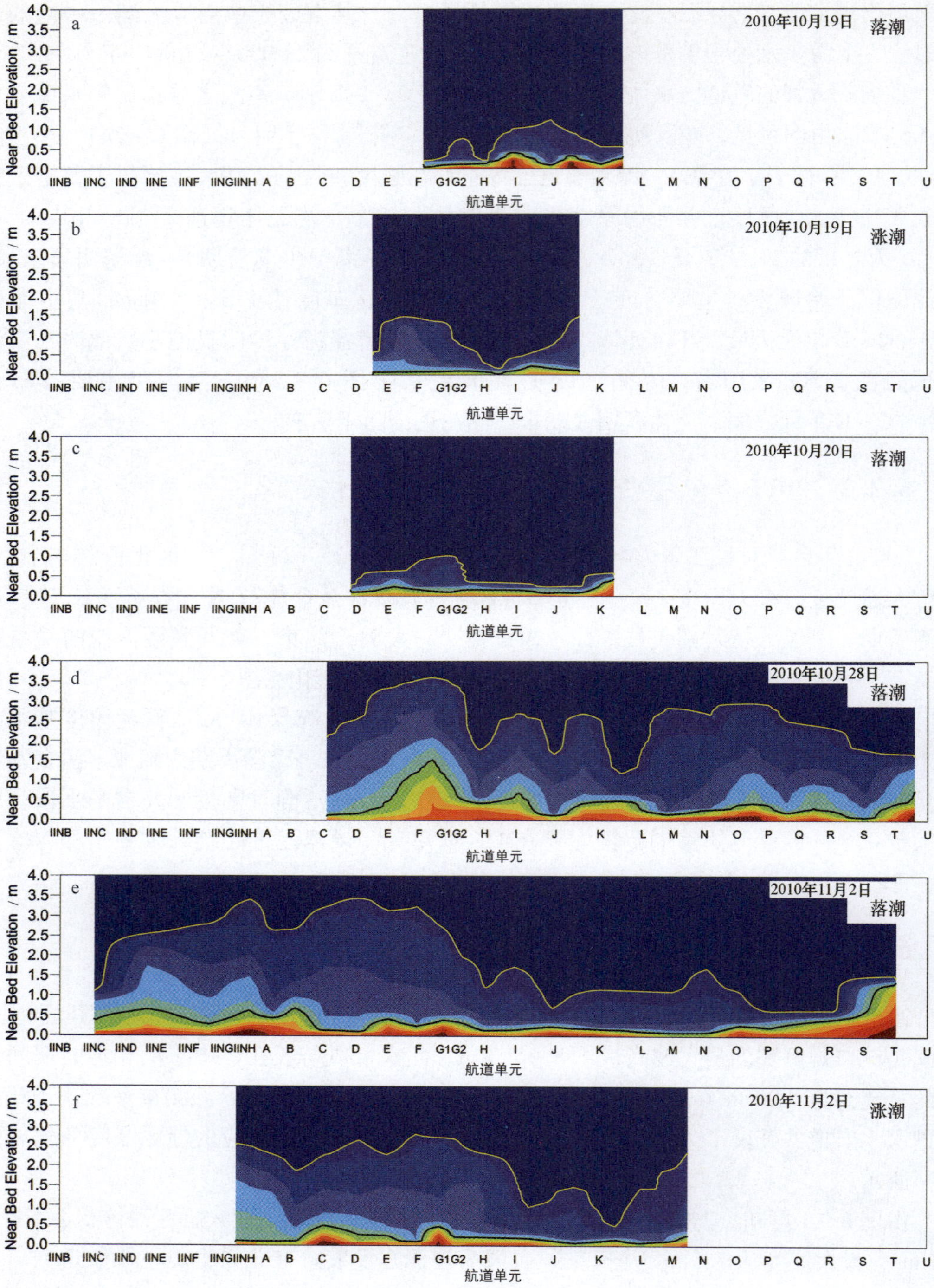

图 6－1　2010 年 10—11 月航道内水体密度沿程分布（一）（据李为华，2011）

注：（1）水体密度为 SILAS 系统反演，受观测限制，各剖面并非同一时刻完成；（2）图中黄色线代表 1 033 kg/m^3，黑色线代表 1 245 kg/m^3，之间表示浮泥厚度，下同。

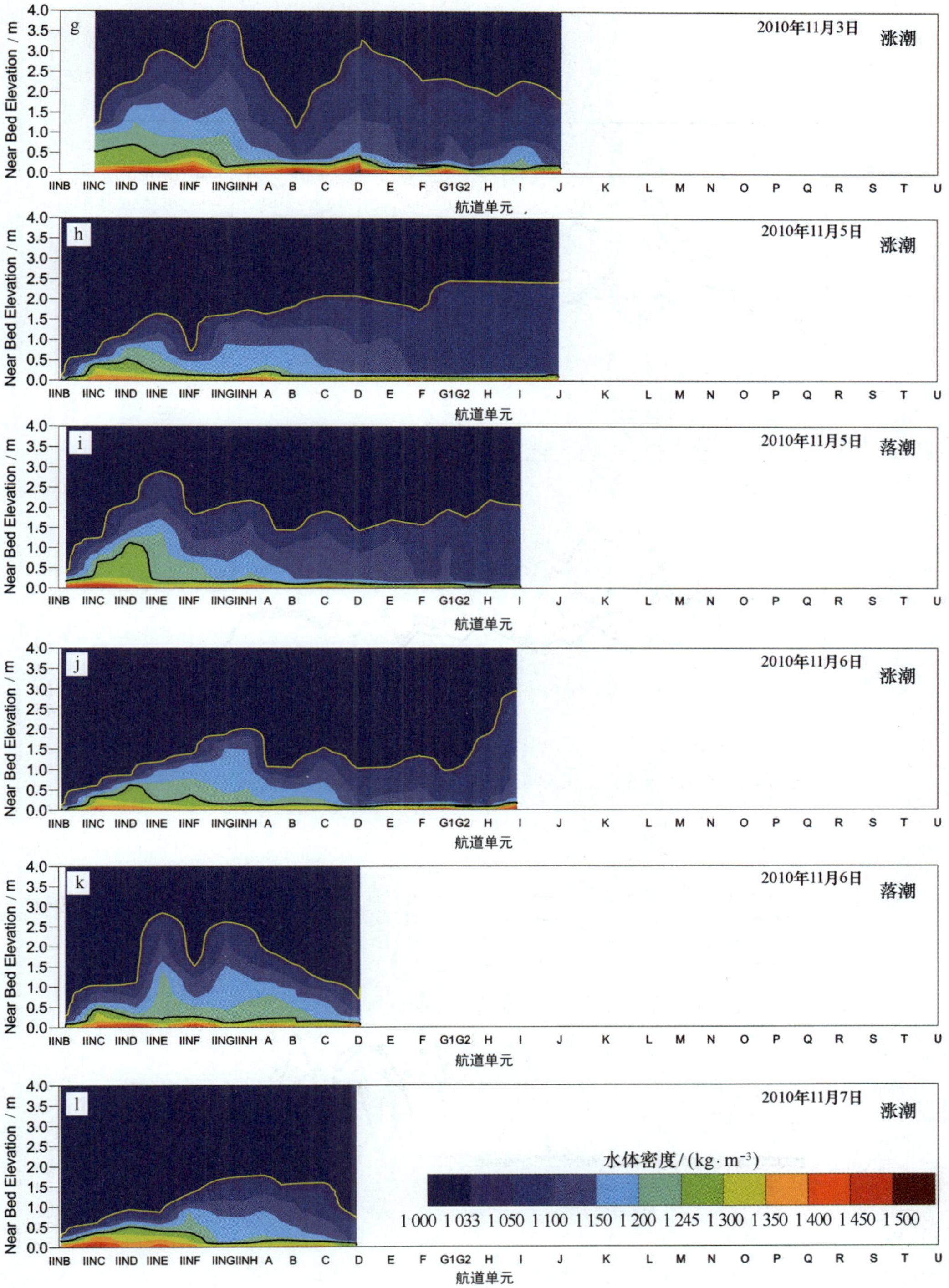

图6-1　2010年10—11月航道内水体密度沿程分布（二）（据李为华，2011）

注：（1）水体密度为SILAS系统反演，受观测限制，各剖面并非同一时刻完成；（2）图中黄色线代表1 033 kg/m^3，黑色线代表1 245 kg/m^3，之间表示浮泥厚度，下同。

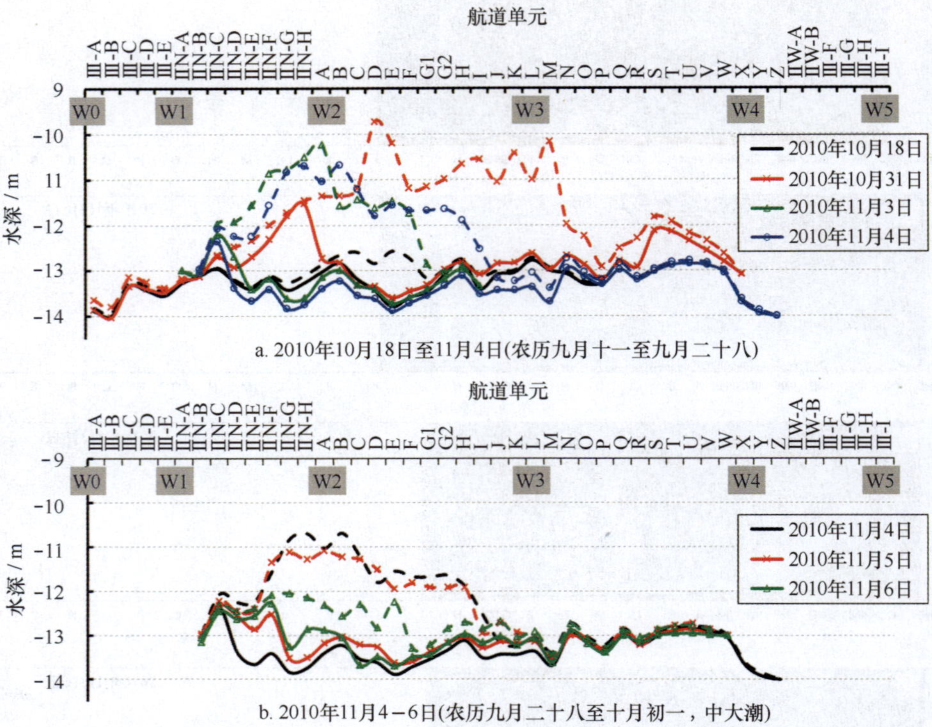

a. 2010年10月18日至11月4日(农历九月十一至九月二十八)

b. 2010年11月4－6日(农历九月二十八至十月初一，中大潮)

图 6－2　2010 年 10 月寒潮后厚度、位置变化

注：同一颜色标记虚线为高频水深，代表浮泥上界面；实线为底频水深，代表浮泥下界面，下同。

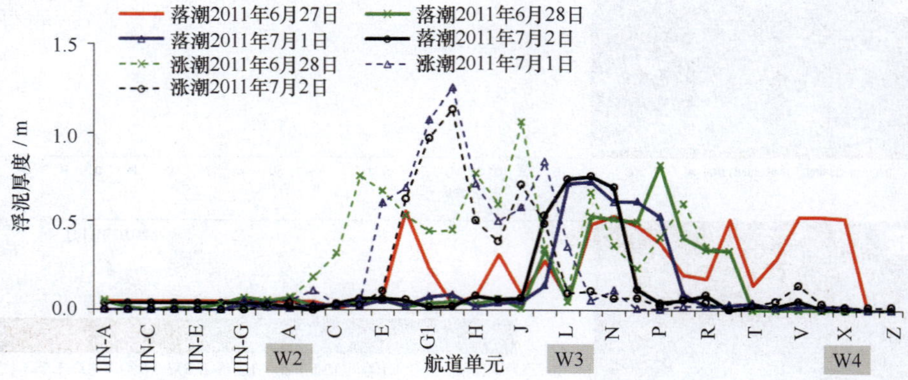

图 6－3　2011 年“米雷”台风后北槽浮泥厚度、位置变化

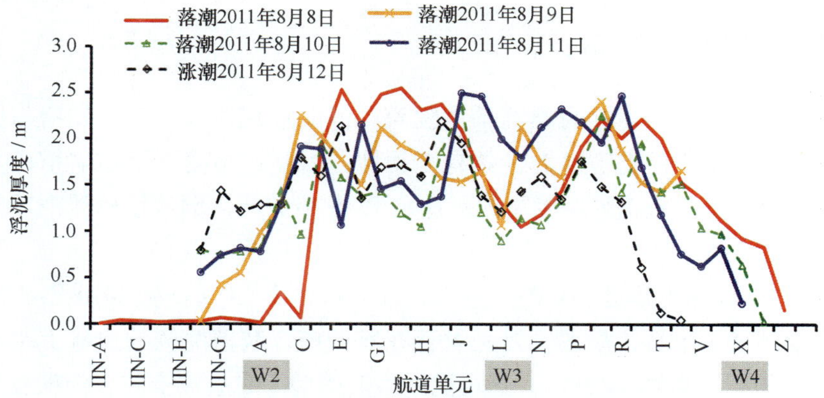

a. 2011年8月8—12日(农历七月九初至十三，小潮–中潮)

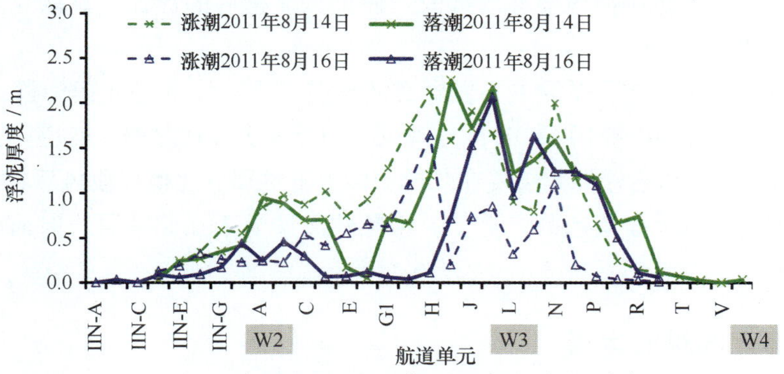

b. 2011年8月14日、16日(农历七月十五、十七，大潮)

图 6 – 4　2011 年“梅花”台风后浮泥厚度分布变化

6.3　浮泥变化规律

6.3.1　浮泥的发育规模

根据对 2010 年 10 月寒潮大风和 2011 年“米雷”“梅花”台风后的浮观观测可知，大风后，尤其持续较长时间的大风后，12.5 m 深水航道内会产生明显的浮泥发育。浮泥的发育规模主要与大风浪的持续时间和大风浪期间的潮汐情况有关。若大风浪与大潮相遇（俗称“两碰头”），形成的浮泥规模则会较大；与小潮相遇，浮泥形成规模则相对较小。如 2010 年 10 月寒潮大风持续时间长且与大潮、中潮相遇，其浮泥发育规模达 $2\,700 \times 10^4\ m^3$ 左右，而“米雷”台风造成的风浪持续时间短且与小潮相遇，风后形成的浮泥体积仅约 $70 \times 10^4\ m^3$。

6.3.2 浮泥的发育部位

在特定的条件下，浮泥在自然河槽内发育。但航槽疏浚开挖后，航槽与原河床滩面存在滩槽高差。由于浮泥密度大且具有流动性，因此，浮泥更易在航槽内集聚，即人工航槽内的浮泥通常较槽外厚度更大，这在 1976 年长江口铜沙航槽浮泥观测中已经发现。

长江口 12.5 m 深水航道的滩槽高差大，最大可达 3 ~ 4 m。从 2010 年“圆规”台风后的现场观测结果来看，浮泥主要是发育在航槽内，航槽两侧的边滩上基本没有浮泥存在（李为华，刘高峰，2011）。这可能因为航槽增深后边坡变陡，浮泥在自身重力和涨落流水流作用下更易向槽内输移的缘故。而进入航槽内的浮泥，难以克服自身重力逆坡向槽外输移。

从纵向来看，大风浪之后浮泥主要发育在北槽航道内，尤其是北槽中段。如 2010 年 10 月寒潮结束后（2010 年 10 月 31 日）观测到的浮泥主要在北槽上航道内，而 2011 年“米雷”“梅花”台风后浮泥则主要在北槽中段上下输移。北槽河段风后较易产生浮泥，可能主要因为北槽为盐淡水的交汇处，细颗粒泥沙易于在此絮凝、向河底沉降集聚的缘故。

6.3.3 浮泥的纵向运移

浮泥形成后会在涨落潮流作用下上下运移。总体来看，涨潮浮泥整体向上运动，厚度加大；落潮整体向下运动，厚度变薄，但在一个涨、落潮过程中浮泥体积变化不大（图 6 – 3 和图 6 – 4b）。

从大、小潮周期来看，大潮期形成的浮泥，在随后的中小潮过程中，浮泥整体向上运移，如 2010 年 10 月寒潮大风后的浮泥变化过程。这可能与大潮到小潮过程中，涨潮流优势的增强有关。在河口区，盐度密度流起到增大涨潮流速，减小落潮流速的作用。随着潮汐动力的减弱（大潮到小潮过程），盐淡水分层更加明显，盐度密度流作用有所增强。现场观测表明，在盐淡水交汇处的北槽中段，大潮期底层为落潮流优势，而小潮期则为涨潮流优势。小潮期底层水体在一个潮周期内净向上运移（图 6 – 4）。

6.3.4 浮泥的消散

浮泥形成以后，在自身泥沙颗粒沉降以及浮泥体上层涨落潮水流作用下逐渐消散。由于存在着航道疏浚，因此，无论是高低频水深测量的结果，还是浮泥测量系统测量的资料，都难以进行浮泥体扩散消失量与沉降量的精确计算。从已有的观测结果来看，浮泥存续时间和消散过程与潮动力的变化关系较为密切。大潮或大中潮期形成的浮泥，由于随后会经历小潮过程，有利于浮泥的持续存在，如 2010 年 10 月寒潮大风后，浮泥存续时间长达 10 d 以上。据浮泥测量系统现场观测计算，10 月 28 日（农历二十一，

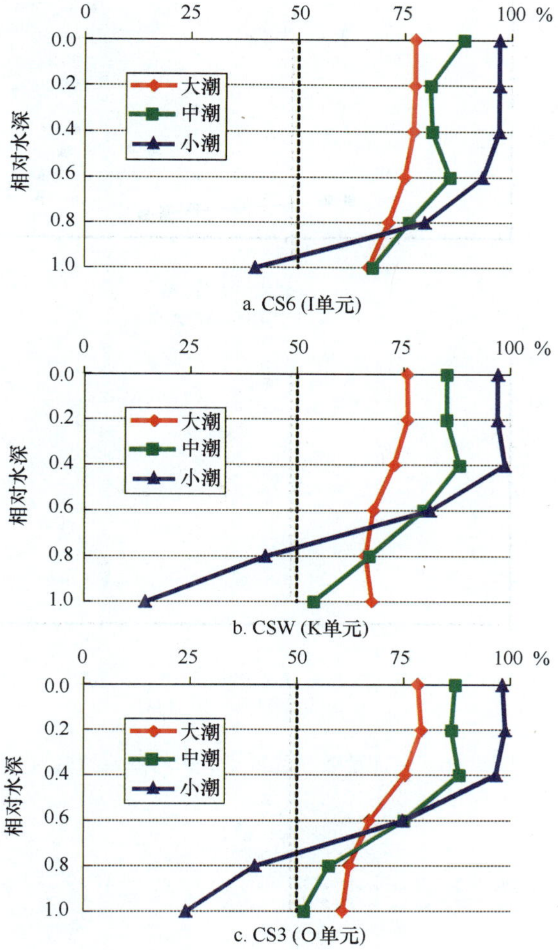

图 6－5　北槽典型垂线优势流大、小潮变化（2012 年 8 月）

注：测点位置见图 5－1。

中潮前期）浮泥体积约 2 710 $\times 10^4$ m^3，5 d 之后的 11 月 2 日（农历二十六，小潮后期）浮泥体积仍在 2 701 $\times 10^4$ m^3 左右。而在小潮期形成的浮泥，由于随后会经历中、大潮过程，浮泥的存续时间则相对较短，如 2011 年“米雷”“梅花”台风后的浮泥分别存续约 5 d 和 7 d。统计结果显示，浮泥消散过程，即浮泥体积开始出现减小的过程中，浮泥体积与潮差呈较好的负相关关系（图 6－6）。由此表明，浮泥消散可能主要与水动力的增强有关。大风浪之后形成的浮泥，基本上会在随后的大潮期消失。

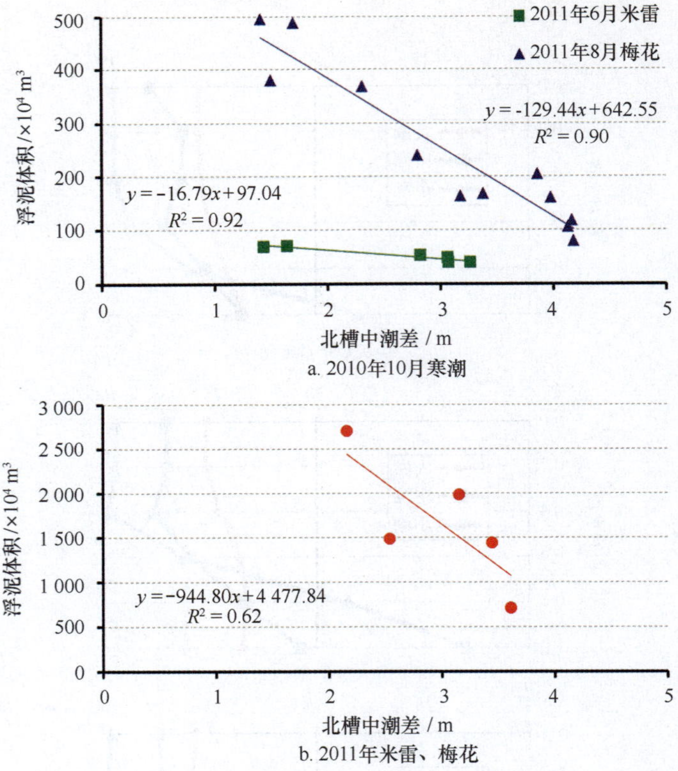

图 6－6　浮泥消散过程浮泥体积与潮差的关系

6.4　航道骤淤与泥沙来源

河口航道常受大风浪的影响，产生短时段的高强度淤积。相对无风浪或风浪较小条件下的航道回淤，大风浪造成的淤积，称之为非常态淤积。长江口深水航道一、二期工程期间，每年因大风浪造成的非常态淤积为 $200\times10^4\sim800\times10^4\ m^3$（赵德招 等，2012）。据 2010—2012 年资料统计，12.5 m 航道每年因台风、寒潮产生的非常态淤积达 $900\times10^4\sim1\ 400\times10^4\ m^3$。由此看来，12.5 m 航道维护期大风"骤淤"较一、二期工程维护 8.5 m 和 10 m 航道时更加明显。

大风"骤淤"的突出表现是大风浪后航道内浮泥的发育且规模大。如 2010 年 10 月寒潮后航道内浮泥厚度达 3.5 m 左右，浮泥体积达 $2\ 700\times10^4\ m^3$。2011 年"梅花"台风后浮泥体积近 $500\times10^4\ m^3$，最大厚度达 2.5 m。

航道淤积的泥沙有来自流域的，也有本地泥沙的再悬浮。近年来长江来沙大幅减小，而 12.5 m 航道回淤量依然很大，且大风"骤淤"明显，进一步说明长江口口门附近巨大的拦门沙系，在潮流、波浪作用下造成本地泥沙再悬浮后的输移和沉降，可能是航道淤积最主要的泥沙来源。

6.5 小结

大风浪后的浮泥发育是航道非常态淤积的一种表现。长江口存在巨大的拦门沙系，细颗粒泥沙丰富。风浪掀沙、潮流输沙。疏浚增深后的 12.5 m 航道，大风浪后更易发育浮泥。浮泥发育规模主要与大风浪的强度、大风浪持续的时间和大风浪期间的潮汐状况有关。大风浪的持续时间越长，浮泥发育规模会越大。若大风浪与大潮相遇，形成的浮泥规模则会较大；与小潮相遇，形成的规模则相对较小。从空间分布来看，纵向上浮泥主要发育在 12.5 m 航道的北槽段，横向上浮泥主要发育在航槽内，航槽两侧的边滩上基本无浮泥存在。

长江口潮动力强劲，航道内浮泥会在涨、落潮流的作用下上下运移，摆动幅度为 13 ~ 18 km。大中潮期形成的浮泥，在随后的小潮过程中，会整体向上运移。浮泥的消散主要与潮动力的增强有关。浮泥形成之后，经历大潮水动力过程，浮泥体基本消失。浮泥存续时间一般为 5 ~ 10 d。

第7章　长江口12.5 m航道悬沙分布特征

航道疏浚开挖后，破坏了原有的输沙平衡，航道将产生回淤。航道回淤特征表明，12.5 m深水航道回淤主要集中在南港—圆圆沙段和北槽中下段这两个区段，其中回淤强度最大的北槽中下段以悬沙淤积为主。

为了解深水航道的悬沙分布情况，2012年2月（枯季）和8月（洪季），在南港—北槽河段开展了10条垂线的同步水文测验。10条垂线沿深水航道纵向布置。各站点均位于航道南侧，距离航道底边线约300 m，具体位置见图5－1和表7－1，测验期的径流与潮差情况见表7－2。

表7－1　测点位置及对应的航道区段

序号	垂线号	所在航道区段	疏浚单元
1	NGN4	南港—圆圆沙段	Ⅲ－D
2	CS0		ⅡN－G
3	CS9	北槽上段	E
4	CS2		G2
5	CS6	北槽中段	J
6	CSW		K
7	CS3		O
8	CS7	北槽下段	R
9	CS4		U
10	CS10	北槽口外段	Y

表7－2　2012年水文测验期的径流与潮差情况

季节	潮型	测验日期	大通流量/（$m^3 \cdot s^{-1}$）	北槽中潮差/m
枯季	小潮	2月17—18日	15 300	1.72
	中潮	2月20—21日	15 800	3.22
	大潮	2月23—24日	15 700	3.55
洪季	小潮	8月12—13日	56 900	1.36
	中潮	8月14—15日	56 250	2.40
	大潮	8月17—18日	57 350	3.57

7.1　含沙量分布的特征

7.1.1　含沙量的空间分布

7.1.1.1　纵向变化

从含沙量沿程变化来看，南港—圆圆沙段含沙量小，北槽含沙量相对较大，尤其是中下段（表7－3）。以洪季为例，南港—圆圆沙段含沙量为0.04～0.34 kg/m^3，而北槽中段含沙量为0.13～1.39 kg/m^3。北槽中段水体含沙量为南港—圆圆沙段的3.4～4.1倍。

表7－3　各站点垂线平均含沙量（kg/m^3）统计

位置	垂线号	潮况	2012年8月（洪季）		2012年2月（枯季）	
			涨潮	落潮	涨潮	落潮
南港段	NGN4	大潮	0.20	0.19	0.52	0.47
		中潮	0.06	0.08	0.47	0.43
		小潮	0.04	0.06	0.16	0.16
圆圆沙段	CS0	大潮	0.25	0.34	0.51	0.43
		中潮	0.11	0.21	0.63	0.38
		小潮	0.04	0.09	0.16	0.16
北槽上段	CS9	大潮	0.29	0.37	0.58	0.45
		小潮	0.05	0.13	0.25	0.14
	CS2	大潮	0.35	0.44	0.73	0.48
		小潮	0.38	0.24	0.29	0.12
北槽中段	CS6	大潮	1.09	0.55	0.92	0.54
		小潮	0.46	0.20	0.30	0.18
	CSW	大潮	1.33	1.15	1.09	0.87
		小潮	0.68	0.20	0.46	0.22
	CS3	大潮	1.39	0.79	0.97	0.99
		小潮	0.25	0.13	0.39	0.18
北槽下段	CS7	大潮	1.26	1.31	0.60	0.58
		小潮	0.21	0.10	0.23	0.22
	CS4	大潮	0.39	0.77	0.58	0.65
		小潮	0.24	0.09	0.41	0.17

7.1.1.2 垂向变化

含沙量沿垂向变化呈表层小、底层大的分布态势。深水航道沿程主要测点含沙量垂线分布如图7-1、图7-2所示。由图可知，南港—圆圆沙段含沙量沿垂向变化小，垂线分布相对均匀，而北槽含沙量沿垂向变化大，垂线分布很不均匀，尤其是北槽中段几条垂线测点（图7-1）。以洪季大潮为例，南港—圆圆沙段含沙量垂向梯度（底层/垂线平均）为1.4~1.6，而北槽中段含沙量垂向梯度达3.4~4.7。

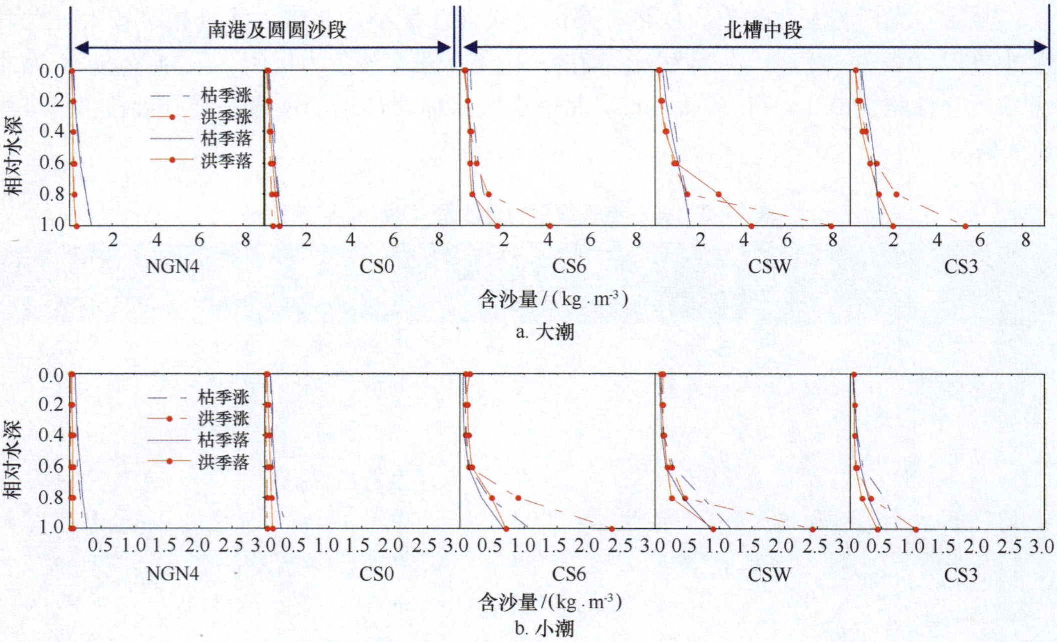

图7-1 南港—北槽主要站点含沙量的垂向分布

7.1.2 含沙量的时间变化

7.1.2.1 洪、枯季变化

南港—圆圆沙段含沙量年内季节性变化表现为洪季小、枯季大的特点（图7-1）。统计表明，洪季大中小潮含沙量为0.04~0.34 kg/m³，平均值约0.14 kg/m³；枯季为0.16~0.63 kg/m³，平均值约0.37 kg/m³。南港—圆圆沙段枯季含沙量为洪季的2.7倍。

对应时段内的北槽中段含沙量则为洪季大、枯季小的变化特点，洪季为0.13~1.39 kg/m³，平均值约0.69 kg/m³；枯季为0.18~1.09 kg/m³，平均值约0.59 kg/m³。北槽中段洪季含沙量为枯季的1.2倍。

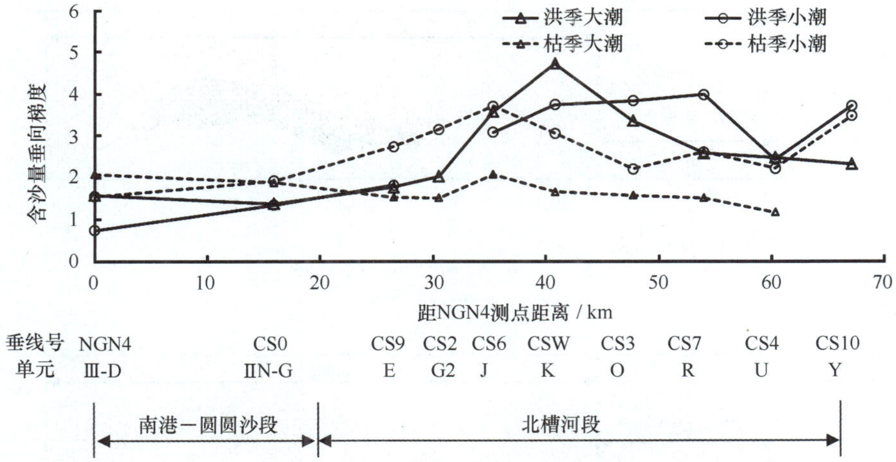

图7-2　南港—北槽主要站点含沙量垂向梯度的沿程变化

7.1.2.2　大、小潮变化

长江口含沙量整体表现为大潮含沙量大、小潮含沙量小的变化特征。以洪季为例，南港—圆圆沙段大潮含沙量为0.2～0.3 kg/m^3，小潮含沙量为0.05～0.07 kg/m^3，大潮为小潮的4.3倍；北槽中段大潮含沙量为0.82～1.24 kg/m^3，小潮含沙量为0.19～0.50 kg/m^3，大潮平均含沙量为小潮的3.3倍。长江口含沙量大、小潮的显著差异，表明在大中小潮周期性变化过程中河口泥沙会发生明显的沉降与再悬浮过程。

7.1.2.3　涨、落潮变化

南港—圆圆沙段洪季落潮含沙量大于涨潮，而枯季则为涨潮含沙量大于落潮。以大潮为例，洪季落潮含沙量为0.19～0.34 kg/m^3，涨潮含沙量为0.20～0.25 kg/m^3。而枯季，落潮含沙量为0.43～0.47 kg/m^3，涨潮含沙量为0.51～0.52 kg/m^3。

无论洪季还是枯季，北槽中段含沙量则均为涨潮大于落潮。统计表明，洪、枯季大潮期，北槽中段涨潮含沙量分别为落潮含沙量的1.6倍和1.3倍，而小潮期则分别为2.6倍和2.0倍。由此可见，北槽中段涨落潮含沙量的不对称性，洪季较枯季有所加剧，小潮较大潮有所加强。

7.2　北槽含沙量垂线分布形成原因

天然河流含沙量垂线分布通常为表层小、底层大。从深水航道所在的南港—北槽河段沿程变化看，南港—圆圆沙段含沙量垂向差异小，垂线分布相对均匀。而北槽河段，尤其是洪季的北槽中段，表层含沙量小，底层含沙量大，含沙量垂向差异大（图7-1）。从纵向剖面来看，北槽存在典型的河口最大浑浊带，且洪季最大浑浊带的含沙浓度较枯季高（图7-3）。北槽含沙量垂向差异大、形成最大浑浊带的原因主要有以下几个方面。

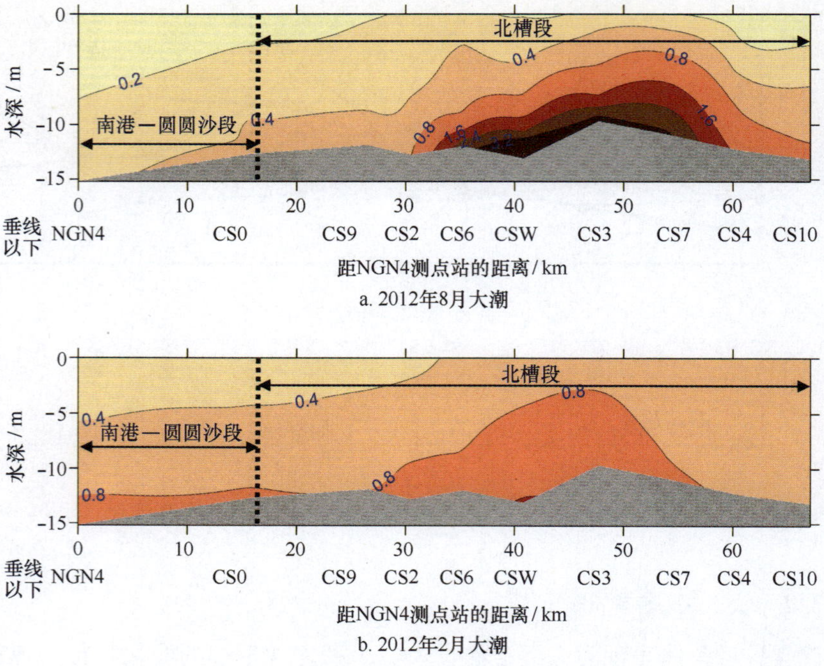

图 7-3　2012 年南港—北槽潮平均含沙量（kg · m^3）纵剖面

7.2.1　细颗粒泥沙絮凝，导致沉速加大

北槽为盐淡水交汇处，北槽中段长期处于细颗粒泥沙最佳絮凝的盐度值 7 ~ 12（万远扬，2013）的范围内（图 7-4）。细颗粒泥沙絮凝成团后，沉速加大，中上层水体

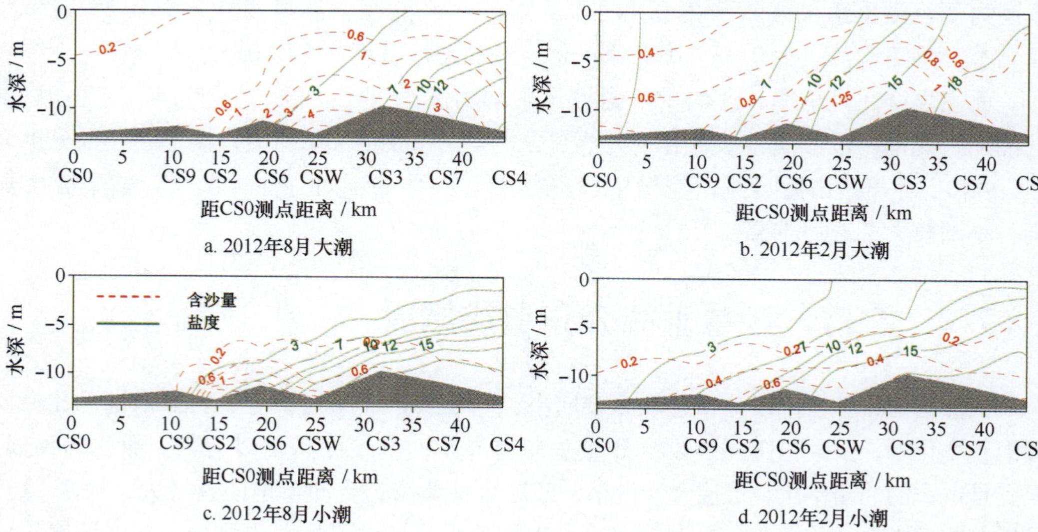

图 7-4　北槽近底高含沙量与盐度的关系

含沙量因此降低，相应的中下层水体含沙量有所增大。随着中下层水体含沙量的升高，进一步加大了泥沙沉降速度，从而有利于底层水体出现更高的含沙量。洪季较枯季更高的水温和背景水体含沙量，使得洪季泥沙的沉降速度较枯季大，从而导致洪季盐淡水交汇处的北槽中下段，含沙量表层小、底层大的垂向差异更加明显。

对于南港—圆圆沙段，枯季含盐度通常小于2，洪季甚至小于0.2。盐度对细颗粒泥沙的絮凝影响微弱，因此，含沙量垂线分布的差异远不如北槽明显。

7.2.2 盐淡水分层，不利于河床再悬浮泥沙向上扩散

盐淡水由于密度差异在垂向形成盐度分层。河口盐淡水的混合程度可用盐度分层系数 N 表示（$N = \frac{S_{底} - S_{表}}{\bar{S}}$，$S_{底}$、$S_{表}$、$\bar{S}$ 分别为测点的底层、表层和垂线的平均盐度），其值大于1，为高层分层型；小于0.1 为强混合型；0.1 与1 之间为缓混合型。

相对于枯季，洪季由于径流的增大，使得北槽中下段的盐淡水分层更加明显（图7－5），盐度分层系数大于1，盐淡水高度分层。盐淡水明显的分层减弱水体的垂向紊动和混合，对河床起悬泥沙向上扩散起到了抑制作用，从而有利于再悬浮泥沙在底层集聚形成高沙量区。而从水动来看，洪季北槽中段的落急流速明确较上下游大，也较枯季大（图7－6），具有更强的再悬浮能力，为洪季北槽中段底层高沙量水体的形成提供更加丰富的物质来源。

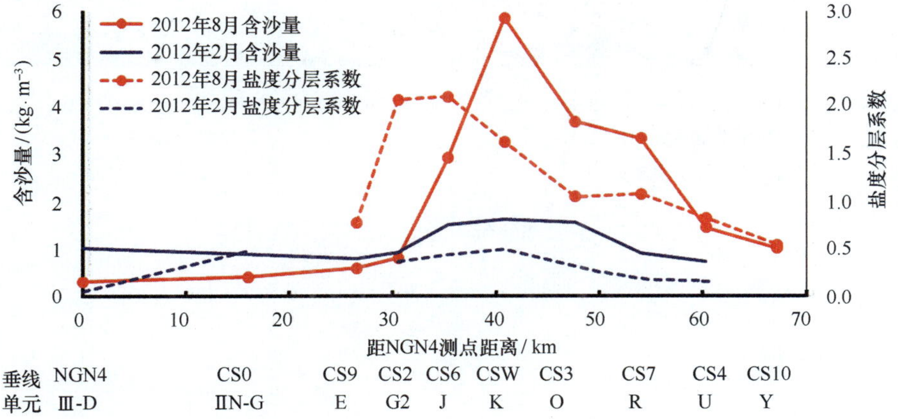

图7－5　盐度分层系数与底层含沙量的关系（大潮）

7.2.3 北槽中下段为河口滞流点常驻部位，上、下游泥沙易在此集聚

盐淡水混合在北槽中下段形成盐水楔和盐度密度流。盐度密度流起到了增加涨潮流速、减小落潮流速的作用，使得北槽中下段净向下输沙能力较上游明显下降。在中小潮时，北槽中、下段出现上游净向下，下游净向上的滞流点和滞沙点（图7－7），促

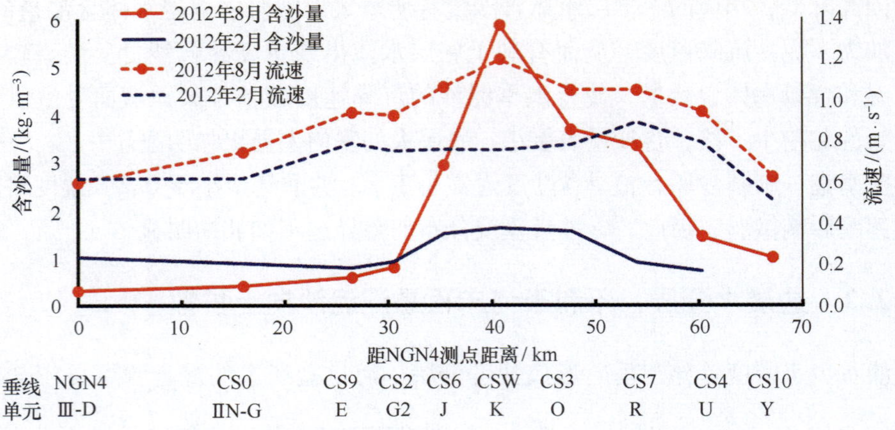

图 7－6　底层落潮流速与底层含沙量的关系（大潮）

使上、下游泥沙在此集聚，从而有利于该区段形成高沙量区。枯季小潮期北槽的滞流点和滞沙点基本位于北槽中段，洪季由于径流的加大，其滞流点和滞沙点总体较枯季偏下，基本位于北槽中下段。从小潮含沙量与滞流点对比来看，北槽高含沙量核心区基本位于滞流点的上游。

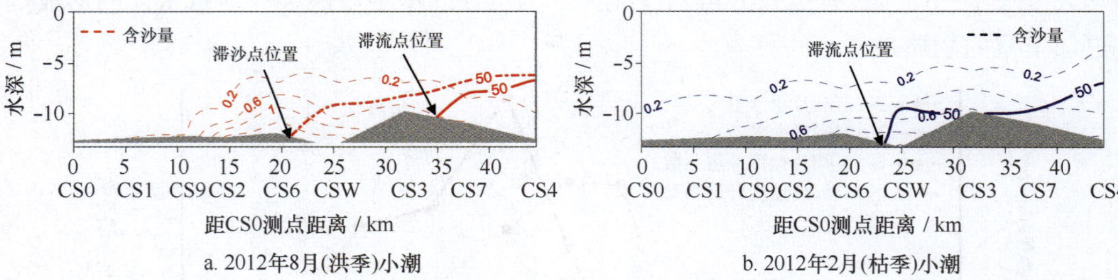

图 7－7　最大浑浊带与滞流点、滞沙点的关系

7.3　小结

12.5 m 深水航道回淤主要集中在长约 50 km 的南港—圆圆沙段和北槽中下段这两个区段，但这两个区段含沙量的时空分布特征又明显不同。分析表明，南港—圆圆沙段含沙量小，含沙量垂线分布相对均匀；北槽含沙量大，含沙量垂向梯度大，垂向分布很不均匀，存在河口最大浑浊带。细颗粒泥沙絮凝、盐淡水分层与河口滞流点是北槽中段含沙量垂向差异大、存在河口最大浑浊带的主要原因。

第 8 章　长江口 12.5 m 航道北槽悬沙来源

前文分析表明，12.5 m 深水航道回淤量大。处于拦门沙水域的北槽航道段是最主要的回淤区段，该段悬沙浓度高，回淤泥沙颗粒细，存在着滩槽泥沙交换（金镠 等，2013），且大风后易产生浮泥。航道淤积需要泥沙来源，在长江流域来沙大幅减小的背景下，长江口深水航道回淤泥沙来自何方？这已成为专家学者密切关注的话题，也是制定减淤措施须考虑的一个关键技术问题。

北槽的泥沙主要通过其四侧边界输入而来，为此，将北槽设想成一个“盒子”，对其四侧边界开展同步水沙观测。现场观测在南、北导堤堤顶上布置 13 个坐底观测站点，其中南导堤 10 个，北导堤下段 3 个（上段建有“通海大堤”，已出水），各站点均设有含沙量测量仪器 OBS 和流速测量仪器 ADV。观测完成后，先计算各站点的单宽流量和单宽输沙量，之后各站点之间按线性插值，分别计算整个南导堤和北导堤的越堤潮量和输沙量。在北槽上、下口分别布置 1 条 ADCP 走航观测断面，进行断面流场观测，同时沿断面设置多条垂线采集水体含沙量，结合流速资料和含沙量资料，计算整个断面的水沙通量。南、北导堤观测站点及北槽上、下口断面位置见图 8－1。观测期

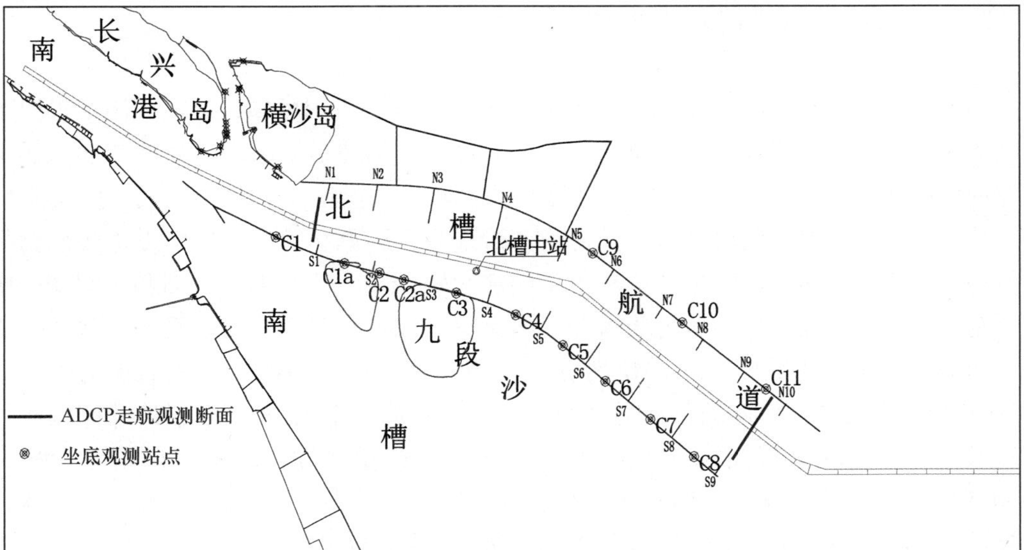

图 8－1　长江口 12.5 m 深水航道与观测站点位置

注：北导堤仅 2012 年布置了坐底观测站点。

的上游大通流量和口外潮汐情况见表 8 -1。依据观测结果，本章对北槽各边界的水沙输移特征和泥沙来源进行分析。

表 8 -1 观测时间及径、潮流情况

时间	潮型	大通流量/（$m^3 \cdot s^{-1}$）	北槽中潮差/m	北槽中平均潮位/m
2011 年 3 月（枯季）	大潮	13 350	3.62	2.18
	中潮	13 250	2.30	1.99
	小潮	13 750	1.75	1.95
	平均	13 450	2.56	2.04
2011 年 9 月（洪季）	大潮	21 200	4.24	2.57
	中潮	18 400	3.28	2.61
	小潮	19 600	1.48	2.54
	平均	19 733	3.00	2.57
2012 年 9 月（洪季）	大潮	38 000	4.16	2.39
	中潮	37 150	3.51	2.50
	小潮	37 700	1.84	2.46
	平均	37 617	3.17	2.45

注：大通流量为测验期前 7 天数据，北槽中站潮差为潮周期内两涨两落潮差平均值。

8.1 北槽四侧边界水沙通量

图 8 -2 是一个全潮周期内北槽四侧边界的输沙量。由图可知，几次观测结果因水文气象条件不同而有所差异。但总体来看，不论大小潮还是洪枯季，北槽四侧边界均存在内外的水沙交换。各边界水沙交换总体呈大潮强于小潮、洪季强于枯季的特征。

从一个潮周期内四侧边界向北槽的输沙量来看，洪季小潮南导堤越堤进入北槽的沙量小于北槽上口落潮输沙量和北槽下口的涨潮输沙量。但在洪季大潮和中潮期，南导堤越堤输沙量大幅增加，超越北槽上口的落潮输沙量和北槽下口的涨潮输沙量，成为北槽最主要的泥沙来源。以 2012 年洪季大潮为例，南导堤越堤进入北槽的沙量达 424×10^4 t，为北槽上口落潮输沙量（77.7×10^4 t）的 5.46 倍和北槽下口涨潮输沙量（219.3×10^4 t）的 1.93 倍。对比同期各边界的出沙量可知，北槽下口出沙量最大（486.1×10^4 t），是北槽泥沙向外输移的主要通道，北导堤次之（194.1×10^4 t）。通过南导堤向北槽外输出的沙量仅为该边界向北槽输入沙量的 3%。

从一个潮周期内净输沙量来看，北槽上口和南导堤净向北槽输沙，北槽下口和北导堤泥沙净输出北槽（北槽下口小潮除外）。从北槽上口和南导堤净输沙量对比来看，南导堤明显较大。以 2012 年洪季大潮为例，南导堤越堤向北槽的净输沙量是北槽上口的 14.5 倍。

年内洪季各边界的输沙量大，枯季各边界输沙量小（图 8－2）。以 2011 年 3 月（枯季）和 2012 年 9 月（洪季）为例，洪季南导堤越堤进入北槽的沙量为枯季的 3.8 倍（大中小潮平均）。从各边界输沙量对比可知，洪季南导堤越堤进入北槽的沙量占明显优势，枯季南导堤越堤输沙量与北槽上口、下口进入北槽的沙量基本相当。

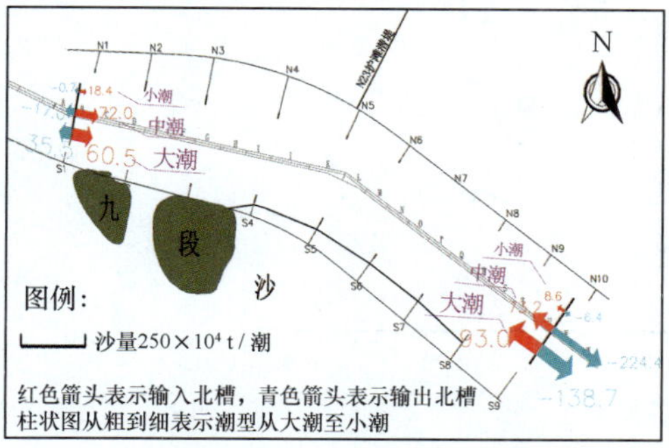

a. 2010年8—9月 (洪季)大、中、小潮

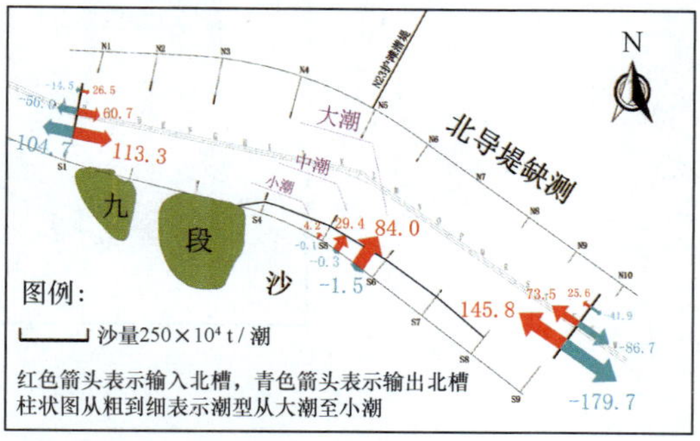

b. 2011年3月 (枯季)大、中、小潮

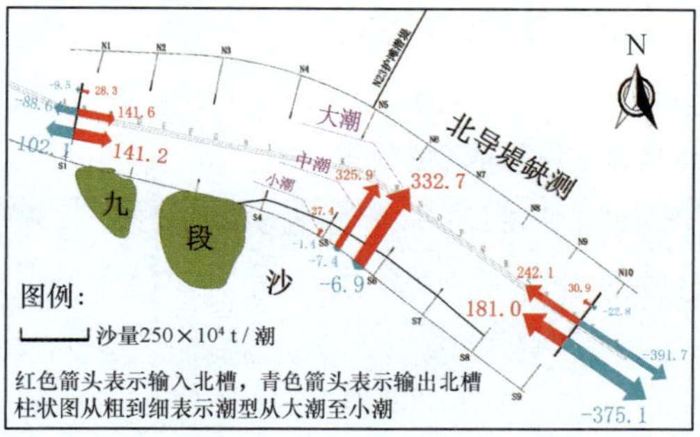

c. 2011年8—9月 (洪季)大、中、小潮

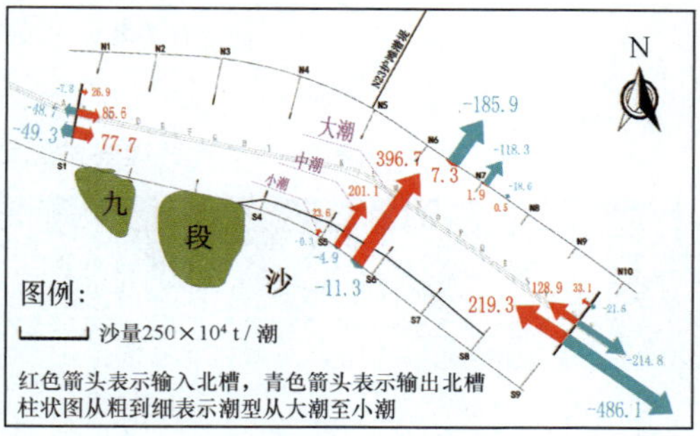

d. 2012年9月 (洪季)大、中、小潮

图 8－2　北槽各边界泥沙通量

8.2　南导堤越堤水沙输移特征

8.2.1　南导堤越堤水沙时空变化特征

8.2.2　南导堤越堤水沙通量与潮差、平均潮位的关系

南导堤越堤输沙是北槽的主要泥沙来源，其水沙输移总体呈大潮多、小潮少的变化特征（图 8－2、表 8－2）。由此表明，南导堤越堤水沙的输移与潮汐变化有一定关系。图 8－3 是观测到的一个潮周期内南导堤越堤水量与对应时段内的北槽中站的潮差、平均潮位的关系。由图可知，越堤水量与潮差之间总体呈较好的正相关关系，即潮差越大，越堤水量越大。而当潮差较为接近时则可以看出，平均潮位越高越堤水量

越大。由此来看，南导堤的越堤水量会随着潮动力的增强，以及平均潮位的升高即越堤水深的增大而增大。长江口水体的含沙量大潮高、小潮低。受此影响，越堤水体含沙量亦呈明显的大潮高、小潮低的变化特点（表8－2）。

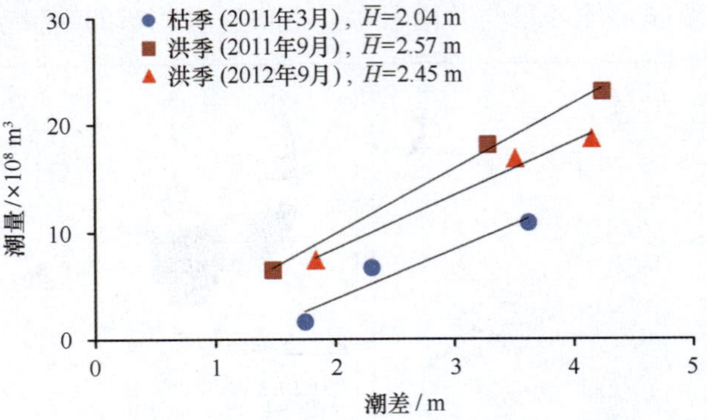

图8－3　南导堤越堤输入北槽的潮量与北槽中潮差、潮位的关系

注：$\overline{H}$ 为北槽中站观测时间的平均潮位。

表8－2　南导堤各站越堤水体含沙量和单宽输沙量

测点	含沙量/（kg·m^{-3}）				单宽越堤输沙量/（t·m^{-1}）			
	2011年3月		2012年9月		2011年3月		2012年9月	
	大潮	小潮	大潮	小潮	大潮	小潮	大潮	小潮
C1	0.68	0.17	0.58	0.24	27.51	0.73	37.06	9.93
C1a	0.68	0.15	1.13	0.47	7.21	0.12	30.69	3.69
C2	0.66	0.05	0.94	0.18	22.57	0.15	91.03	10.22
C2a	0.68	0.05	1.42	0.23	11.83	0.01	47.42	2.92
C3	0.39	0.08	0.52	0.01	0.29	0.03	0.75	0.00
C4	1.11	0.05	2.98	0.20	26.72	0.07	125.14	4.08
C5	0.84	0.38	2.26	0.19	35.19	1.74	211.36	8.37
C6	0.81	0.39	2.22	0.16	49.42	3.04	257.30	12.35
C7	0.53	0.19	1.80	0.18	32.87	2.16	225.60	11.65
C8	0.05	0.05	0.79	0.18	1.05	0.44	19.26	8.62

8.2.3　洪季南导堤越堤输沙量增大的原因

现场观测结果表明，南导堤越堤的水沙输移洪季明显强于枯季，其原因主要有两个方面。一是洪季平均海平面（潮位）升高和潮动力增强，导致南导堤越堤水量较枯季大。长江口每年5—10月为洪季，也是一年当中经历太阳、月球引潮力最大的时段。据常年海平面观测，每年5—10月东海的平均海平面明显较高。长江口北槽中潮位站的观测结果表明（图8－4），潮位、潮差的年内变化呈先增加后减小的变化趋势，年内的8月、9月平均潮位、潮差达到最大，5—10月的平均潮位明显较其他时段高、平均潮差较其他时段大。以2012年现场资料统计，8月无论平均潮位还是平均潮差，均较1月、2月高（大）约0.4 m。洪季平均潮位的升高和潮差的增大，导致跨过南导堤越堤进入北槽的水量大幅增加（图8－4）。

二是长江口拦门沙水域水体的含沙量洪季较枯季大。现场观测表明，南导堤越堤水体含沙量洪季大于枯季（表8－2），尤其是位于拦门沙滩顶水域的南导堤中下段，越堤水体含沙量和输沙量洪、枯季差异均较明显。南导堤越堤水体主要来自九段沙滩面和南槽水域（图8－5）。前期研究认为，长江口口外悬沙浓度南高北低，南槽是长江口主要的排沙通道。2012年、2013年的观测结果亦表明，无论北槽还是南槽，位于南导堤中下段两侧的拦门沙水域，其水体含沙量高于上、下游，且南槽洪季水体含沙量较枯季大。同时，洪季南槽含沙量明显高于北槽（图8－6）。

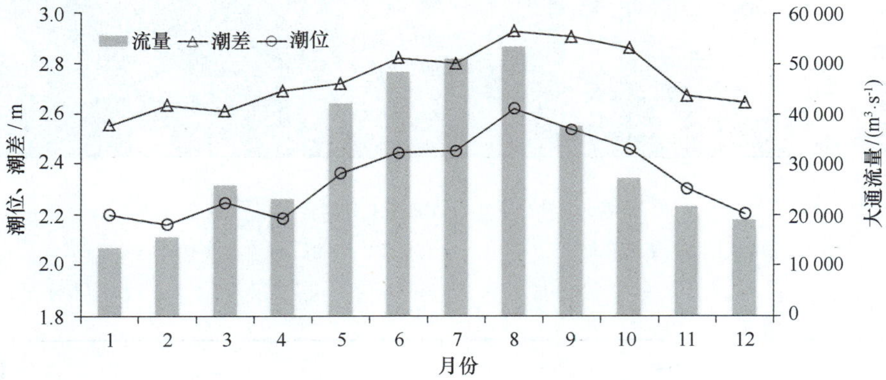

图8－4　2012年大通站月平均流量与北槽平均潮位、潮差的变化过程

注：潮位、潮差均为北槽中站观测值。

8.3　南导堤越堤输沙对北槽航道回淤的影响

长江口深水航道采用中潮位整治，导堤堤顶高程为＋2 m（吴淞基面）。南导堤越堤水流只有当水位高于中潮位以后才能发生。现场观测表明，北槽的水位超过2.5 m后南导堤才会有明显的越堤水沙输移。图8－7是2012年9月大潮期北槽的潮位和流速变化过程，其中阴影部分为南导堤水沙越堤时段对应的北槽流速变化过程。由图可知，越堤时段从涨潮后期的中高水位开始，经过高潮位后逐渐结束。从北槽的流速变化过程来看，越堤时段主要发生在北槽涨急之后，经过涨转落的憩流期，到落潮初期结束。由此表明，越堤时段北槽总体处于涨潮水动力的减弱期和涨潮转落潮的弱动力期，越堤泥沙进入北槽后会在涨潮流的挟带下边输移边沉降。由于南导堤越堤输沙主要集中在中下段（表8－2），且北槽中下段处于细颗粒泥沙易于絮凝的盐度值范围内，因此，

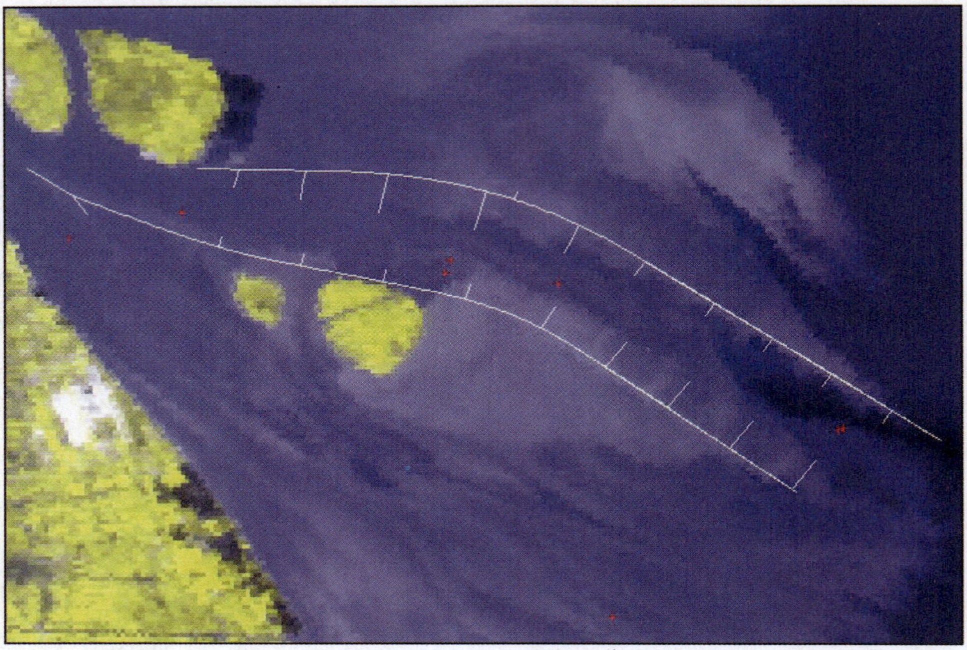

图 8－5　长江口 MODIS 卫星影像

注：成像时间 2007 年 9 月 27 日（农历八月十七日）涨潮后期（北槽中潮位 4.4 m）.

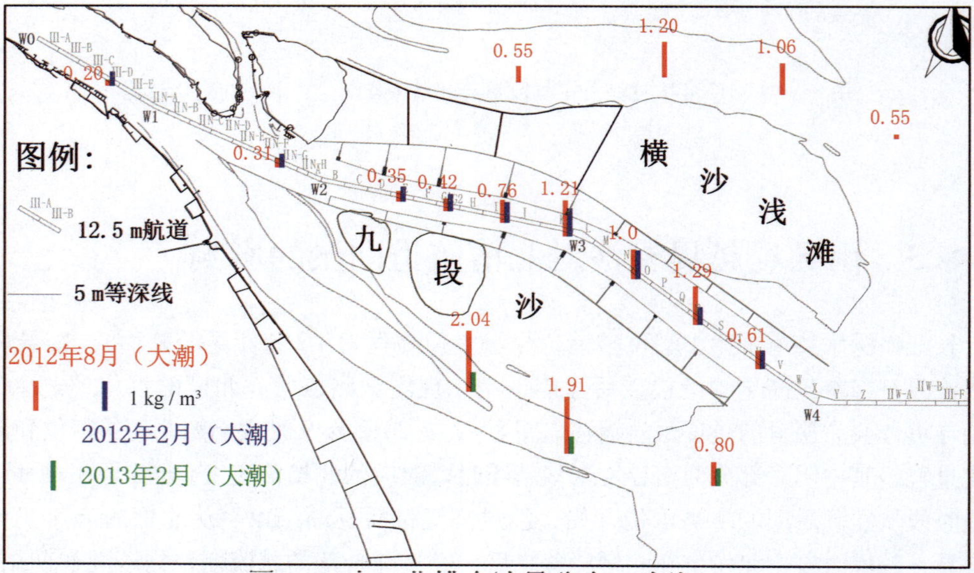

图 8－6　南、北槽含沙量分布（大潮）

越堤泥沙会对北槽中下段航道的回淤造成影响。12.5 m 航道疏浚维护工程实践表明，北槽航道回淤主要集中在中下段，且呈现洪季大、枯季小的年内变化特征（刘杰 等，2014）。而南导堤越堤输沙亦主要集中在南导堤的中下段，且洪季越堤输沙量明显较枯季大（表8－2）。南导堤越堤输沙的时空变化特征与北槽航道回淤的时空变化特征具有一致性，进一步说明北槽航道的回淤受到了南导堤越堤输沙的影响。

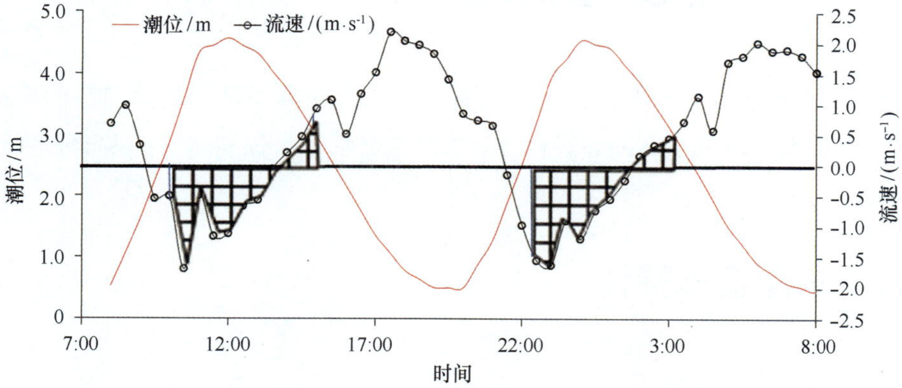

图 8－7　越堤时段北槽潮位、流速变化过程（2012 年 9 月大潮）

注：北槽中站潮位资料，CS2 测点流速资料。

8.4　小结

泥沙来源是分析航道回淤原因和制定减淤措施须考虑的一个关键技术问题。12.5 m 航道北槽四侧边界，无论洪、枯季大小潮，均存在内外的水沙交换。各边界水沙交换呈大潮强于小潮、洪季强于枯季的变化特征。

洪季跨越南导堤进入北槽的泥沙最多，是同期北槽四侧边界中最主要的泥沙来源。南导堤越堤输沙量主要与潮差、平均潮位和水体含沙量 3 个要素有关。长江口洪季潮差较枯季大，洪季平均潮位和越堤水体含沙量亦较枯季高，是洪季越堤输沙量大的主要原因。

南导堤越堤泥沙主要来自含沙浓度相对较高的南槽和九段沙滩面。越堤水沙输移主要集中在南导堤的中下段，发生在北槽涨急之后的水动力减弱期和涨潮转落潮的憩流期，此时有利于泥沙的沉降落积。因此，南导堤越堤输沙对北槽中下段航道的淤积影响较大。后续的航道减淤可考虑对南导堤进行加高，以减小甚至阻断通过南导堤直接输入北槽的泥沙来源。

第9章　长江口12.5 m航道北槽水沙输移与航道回淤的关系

航道回淤是由水沙运动造成的，为了解北槽水沙输移及其对航道回淤的影响，以下利用12.5 m航道现场水文测验资料，对北槽水沙输移特性和航道回淤的物理过程进行分析。

9.1　水沙输移特性

9.1.1　纵向输移

12.5 m航道试通航以来的现场观测表明，北槽河道内存在明显的最大浑浊带，且最大浑浊带常驻在北槽中下段。北槽纵向水沙输移以最大浑浊带输移变化为主要特征。以2012年洪季大潮为例，北槽最大浑浊带近底高含沙水体随着涨落潮流上、下输移，最大浑浊带的核心在北槽中下段CS6～CS4区间摆动（图9－1），在一个潮周期内难以输出口外。

从最大浑浊带的变化过程来看，在一个潮周期内涨落潮转流和涨落急时段，最大浑浊带的含沙量往往更高，含沙量垂线梯度更大。

9.1.2　横向输移

北槽四边界水沙通量观测结果表明，北槽既存在纵向的输水输沙，又存在跨越南、北导堤的横向输水输沙。横向水沙输移主要发生在北槽中下段涨潮后期到落潮初期水位超过导堤的时段。在此时段内，南导堤以向北槽内输水输沙为主，北导堤以向北槽外输水输沙为主。

南导堤越堤水沙通过南坝田后进入北槽主槽。在南坝田—南边滩现场观测中发现，在南导堤越堤水流发生的时段内，即在涨潮后期到落潮初期，南坝田—南边滩均存在明显的由南向北“指向航道”的横向水流。

南导堤越堤水体的含沙量通常高于北槽表层水体的含沙量，如南导堤越堤水沙输向北槽，则在越堤时段内可以观测到“南高北低”的含沙量分布特征。根据2012年洪季大潮北槽中段6条垂线的水文测验资料，绘制了北槽中段表层含沙量的分布图（图9－2）。由图可以看出，北槽中段表层含沙量随着涨潮水位的升高，其南侧含沙量逐渐

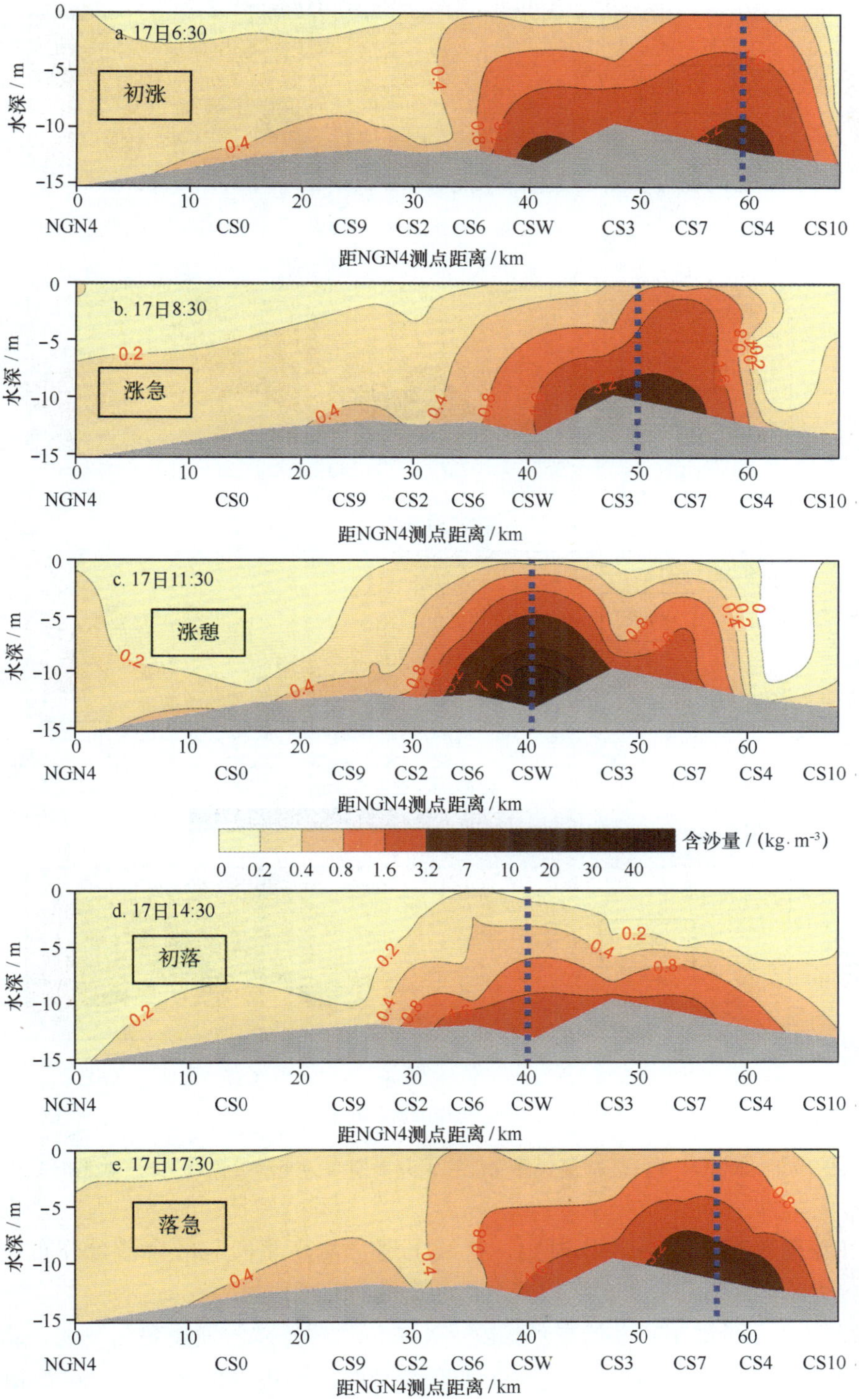

图 9－1　2012 年 8 月北槽最大浑浊带在大潮周期内的变动过程（一）（典型时刻）

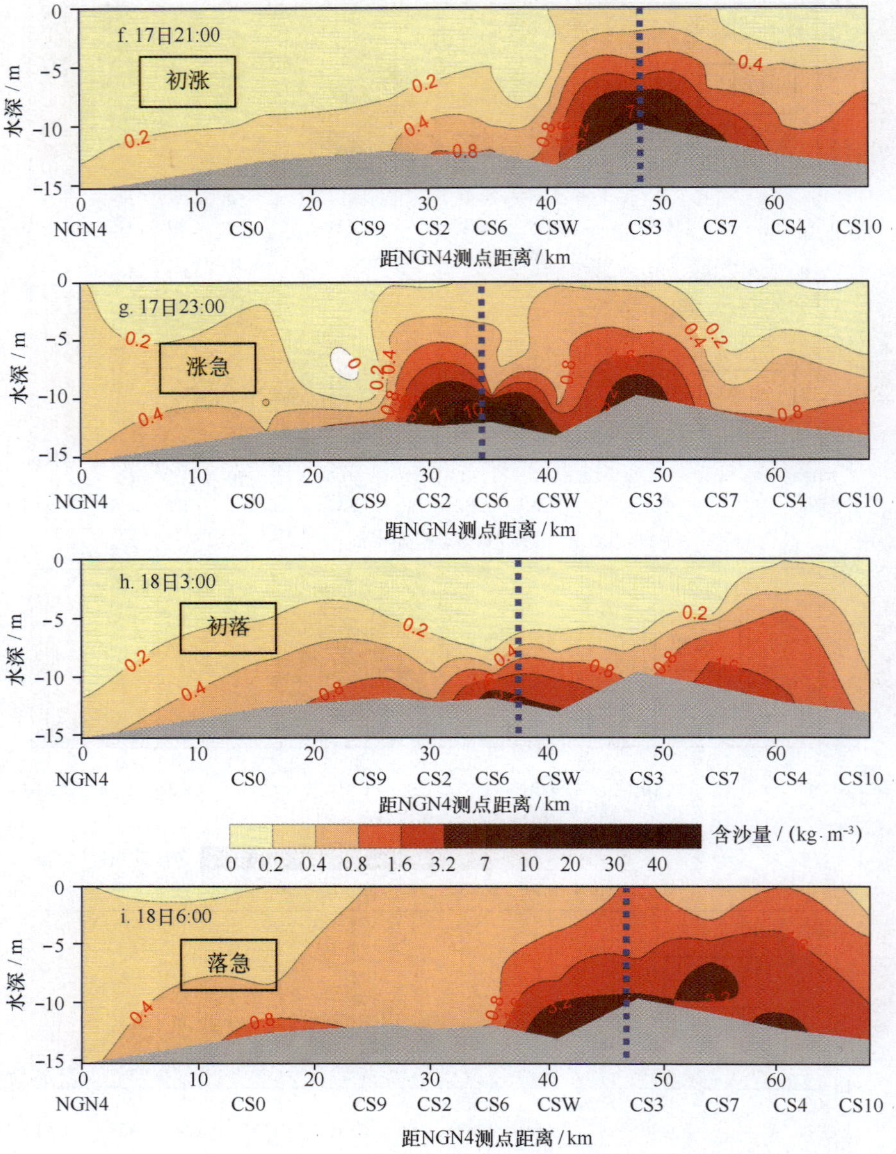

图 9-1　2012 年 8 月北槽最大浑浊带在大潮周期内的变动过程（二）（典型时刻）

增大。在涨潮转落潮的 3～4 小时内，持续出现“南高北低”的含沙量分布。由此判断，南导堤越堤泥沙有一部分可以跨越南坝田输向北槽主槽。

2012 年 9 月（洪季）北槽局部区段（N 单位附近）水沙通量观测发现，北槽主槽内除纵向随涨、落潮输水输沙为主外，亦存在着明显的由南向北的横向水沙输移（图 9-3）。

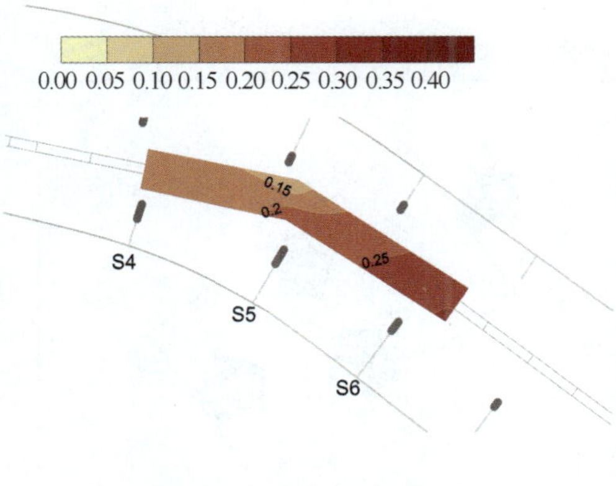

a. 2012年8月17日21:00 H=3.25 m

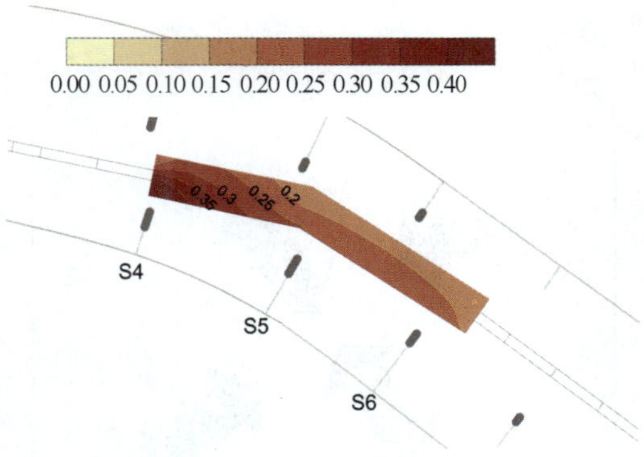

b. 2012年8月17日22:00 H=4.41 m

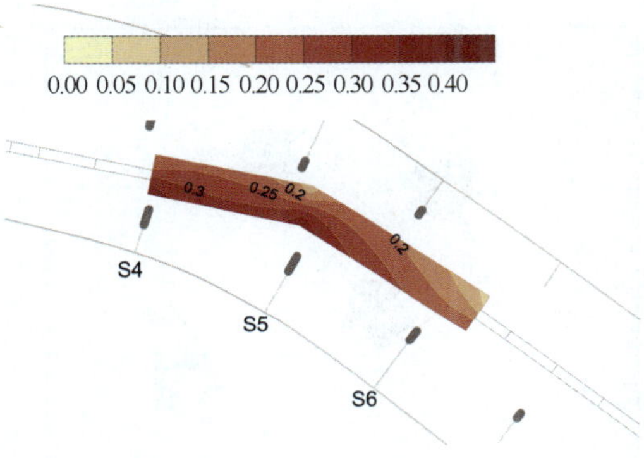

c. 2012年8月17日23:00 H=4.61 m

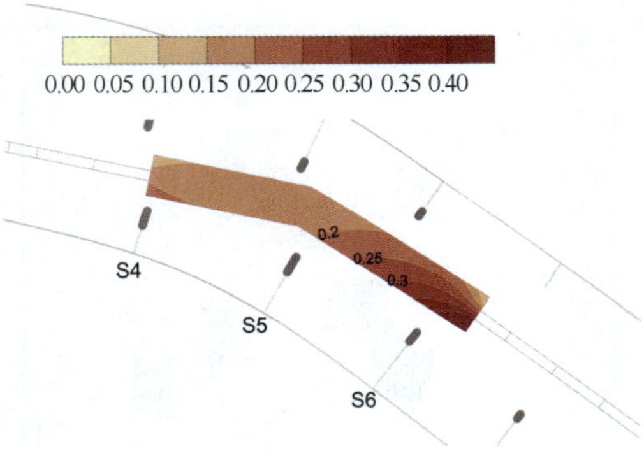

d. 2012年8月18日0:00 H=4.39 m

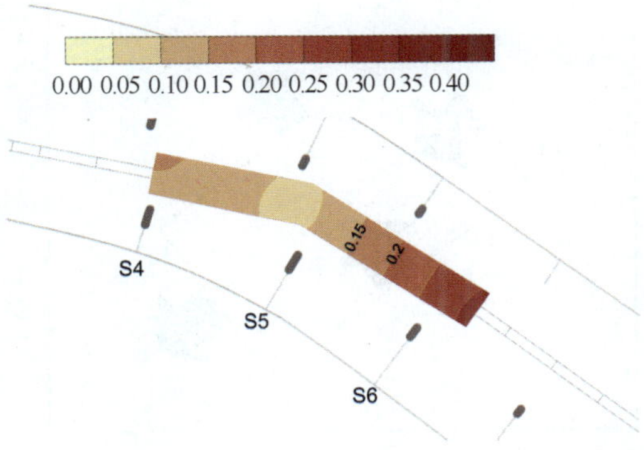

e. 2012年8月18日1:00 H=3.83 m

图 9－2　2012 年 8 月北槽中段表层含沙量（kg/m^3）场分布

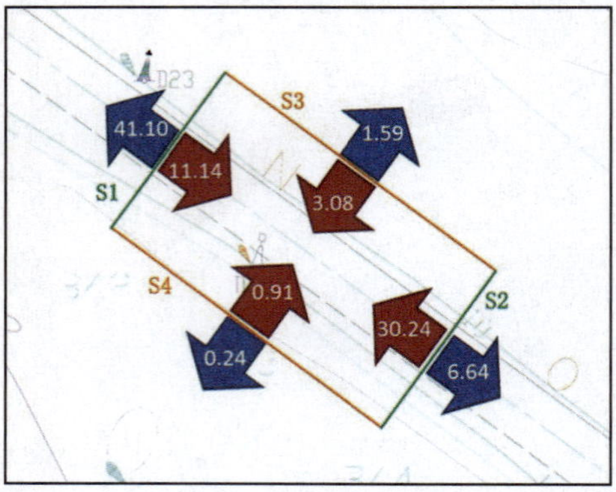

a. 小潮期间各断面输沙量

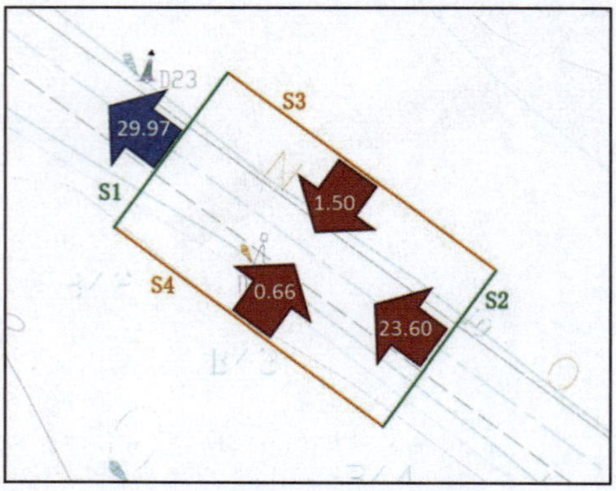

b. 小潮期间各断面净输沙量

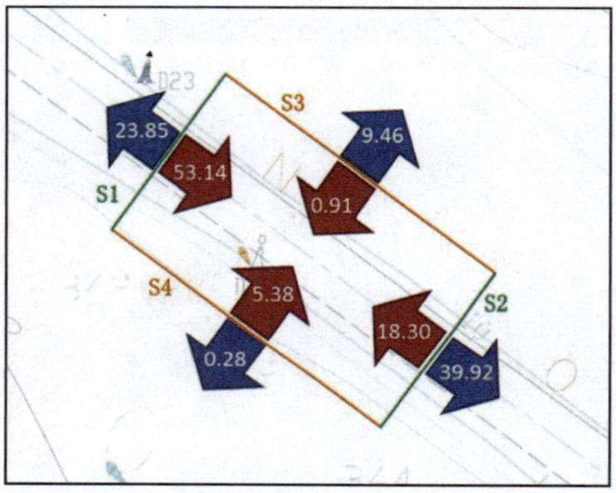

c. 中潮期间各断面输沙量

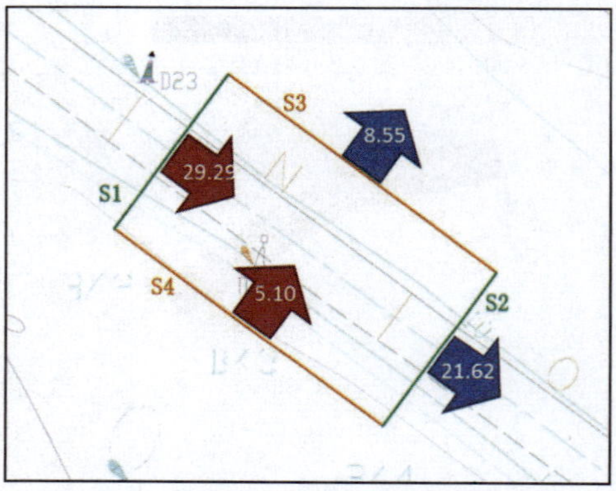

d. 中潮期间各断面净输沙量

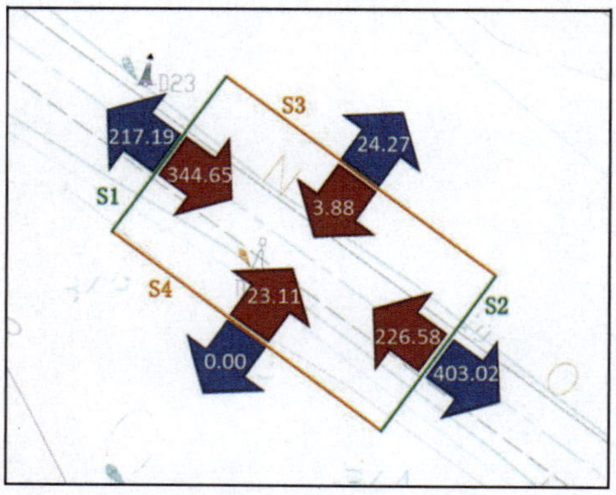

e. 大潮期间各断面输沙量

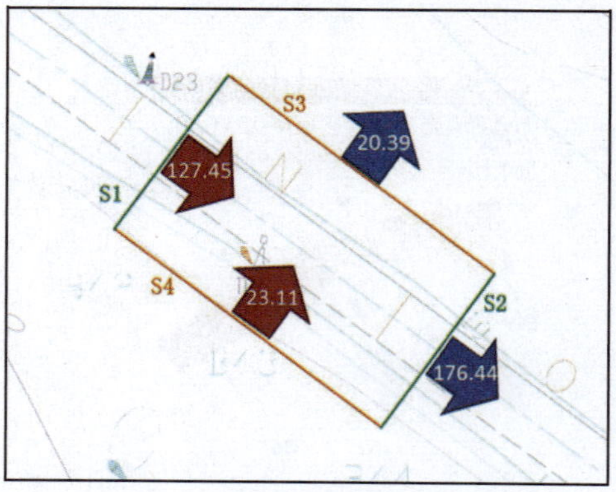

f. 大潮期间各断面净输沙量

图 9－3　2012 年洪季大、中、小潮期间北槽各断面输沙量及净输沙量（$\times 10^4$ t）（据王钟寅，2014）

9.1.3 大小潮输移

从北槽含沙量纵剖面分布图来看（图 9－4、图 9－5）小潮期北槽近底高含沙水体的重心较大潮期偏上（距离约 10 km）。同时，小潮期的含沙量较大潮期明显下降。现场多次观测（坐底观测、局部单元通量观测等）表明，北槽中、下段在小潮期间净输水、输沙指向上游。

从大小潮周期性变化过程看，大潮至小潮期间，随着潮流动力的减弱，含沙量下降，河床相应地发生淤积（图 9－6）。中潮至小潮过渡阶段是最主要的淤积阶段。

综上可知，大潮至小潮的转换过程中，潮动力逐渐减弱，泥沙沉降，含沙量下降，河床淤积。中潮到小潮转变阶段是最主要的淤积时段。

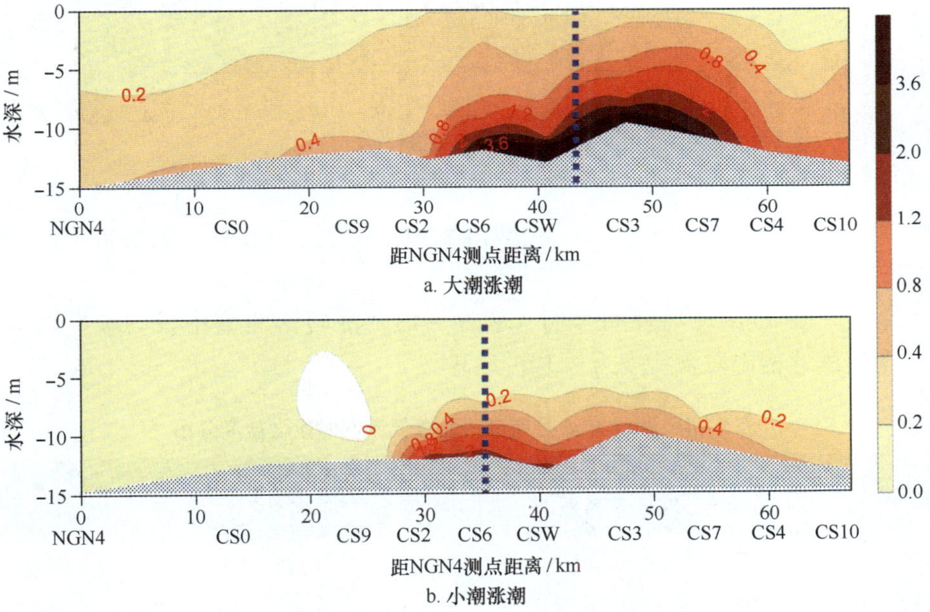

图 9－4　2012 年洪季大、小潮涨潮期水槽含沙浓度（kg/m^3）纵剖面

9.1.4 涨落潮输移

现场观测表明，在一个潮周期内的涨急、落急、涨憩、落憩 4 个时刻，北槽近底均可形成较高的含沙量（图 9－1）。但在北槽中段，一个潮周期内含沙量最高的时刻通常出现在涨潮后期和落潮初期，即主要在涨转落憩流前后的低流速时段（图 9－7）。

相对落转涨憩流阶段，涨转落憩流阶段北槽中段底层水体含沙量更高（图 9－8 和图 9－9），这主要可能是因为涨转落低流速持续的时间更长，以及涨转落过程中水体的含盐度更适合细颗粒泥沙的絮凝。根据沉降试验，盐度在 7 ~ 12 最适合细颗粒泥沙絮

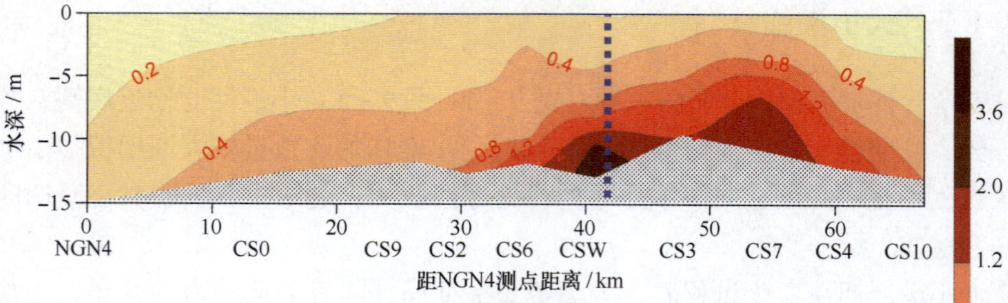

a. 大潮落潮

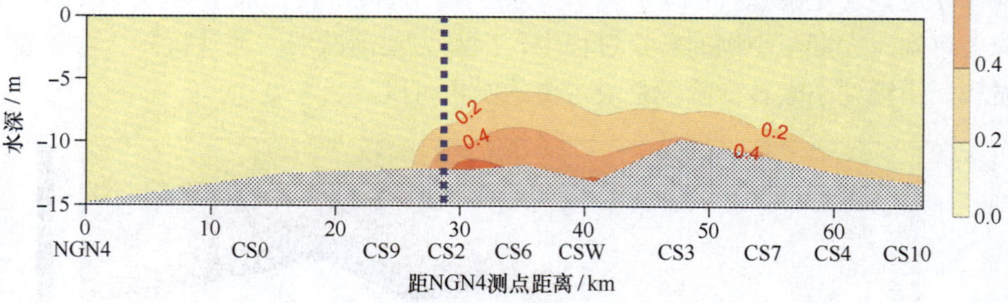

b. 小潮落潮

图9-5　2012年洪季大、小潮落潮期水槽含沙浓度（kg/m³）纵剖面

凝（万远扬，2013）。现场观测表明（表9-1），涨转落北槽中段含盐度为6.85~20.82，落转涨北槽中段含盐度为0.10~1.39。

表9-1　2012年8月南港—北槽低流速时段含盐度分布

位置	垂线号	涨转落含盐度		落转涨含盐度	
		最大	最小	最大	最小
南港段	NGN4	0.13	0.13	0.14	0.13
圆圆沙段	CS0	0.25	0.10	0.12	0.10
北槽上段	CS9	3.11	0.17	0.13	0.10
	CS2	7.46	0.16	0.10	0.10
北槽中段	CS6	12.30	6.85	0.22	0.10
	CSW	16.70	7.70	0.30	0.20
	CS3	20.82	8.10	1.39	0.37
北槽下段	CS7	23.66	20.50	11.78	1.30
	CS4	28.50	22.94	15.08	7.00
口外段	CS10	29.08	27.30	22.38	13.90

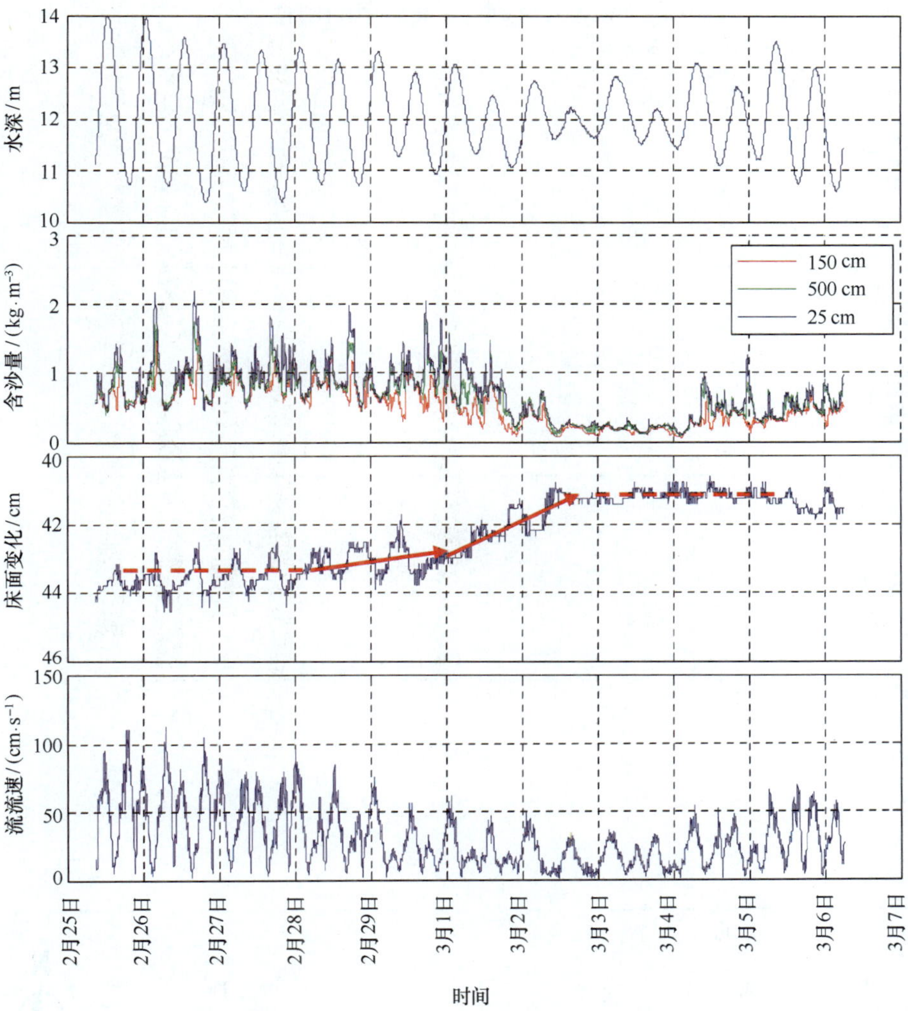

图 9 - 6　2012 年 3 月 T3 测点（N 单元北侧）含沙量、床面冲淤和流速过程（据王元叶，2014）

9.2　北槽（最大浑浊带区域）泥沙的冲淤变化过程

北槽含沙量纵向变化显示（图9 - 1），在一个潮周期内，北槽水体含沙量，尤其是近底最大浑浊带（高含沙量区）存在着明显的涨潮向上输移，落潮向下输移的变化过程。总体来看，最大浑浊带主要位于北槽中下段，即 CS2 测点（G2 单元）与 CS4 测点（U 单元）之间，与北槽航道的主要回淤区段基本一致。

现场坐底三脚架观测结果表明（图9 - 6），在一个潮周期过程内，北槽存在着明显的河床冲淤变化与含沙量变化对应的过程。因此，含沙量的变化，尤其是近底含沙量的变化，可一定程度上反映出河床与航道的冲淤变化。

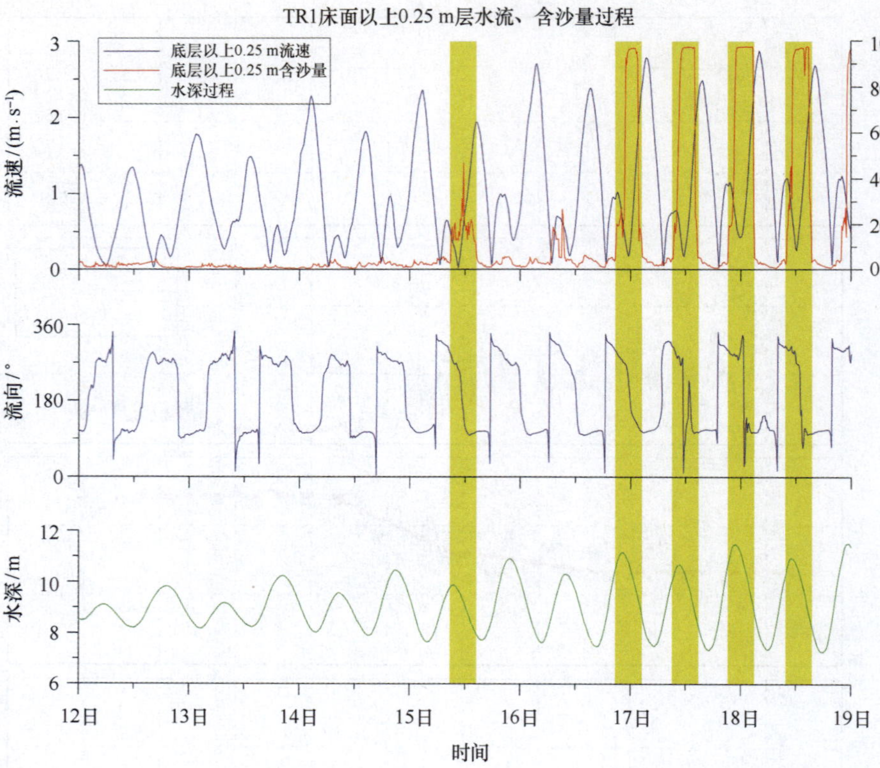

图9－7　2012年8月N单元南侧的近底水沙变化过程（据王元叶，2014）

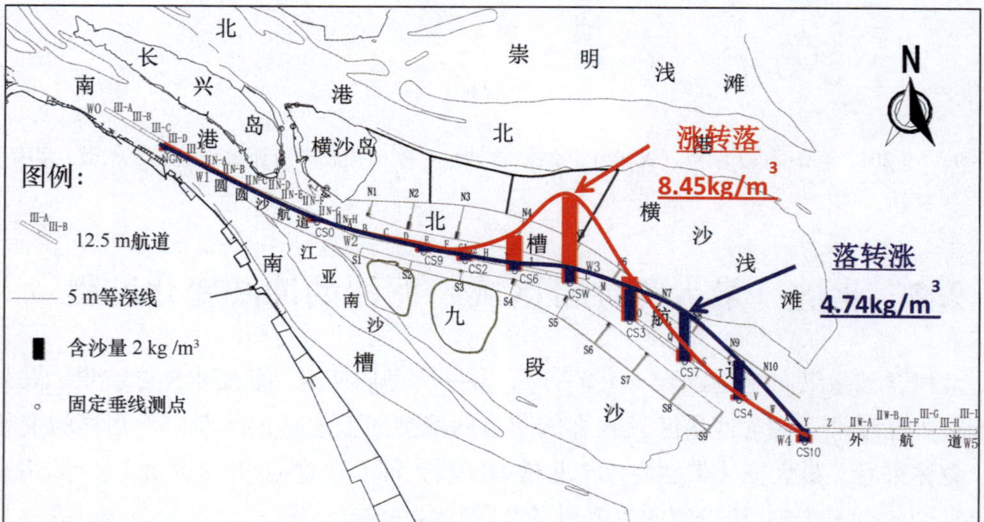

图9－8　洪季涨落潮转流阶段（流速小于0.5 m/s）底层含沙量沿程分布

以下使用洪季北槽大潮期（航道南侧固定点）的水文测验资料，来分析北槽泥沙的冲刷和淤积过程。根据长江口北槽淤积临界流速约为 0.5 m/s，在一个涨落潮过程中流速小于 0.5 m/s 的时段定义为低流速时段，该时段持续时间越长，对应的含沙量越高，越利于泥沙淤积；而将流速大于 0.75 m/s（根据坐底三脚架观测结果，北槽近底冲刷临界流速是淤积临界流速 0.5 m/s 的 1.5 倍）的时段视为高流速时段，该时段持续时间越长，对应的含沙量越大，表明河床受到的冲刷越明显。

图 9 – 9 是北槽各测点在一个全潮周期内低流速时段和高流速时段对应的时间（沿程分布）。以 2012 年为例，北槽落潮期高流速时段出现的时间（CS0 ~ CS4 平均值 9.8 h）普遍远大于涨潮期（CS0 ~ CS4 平均值 3.0 h）。但随后的落转涨低流速时段出现的时间（CS0 ~ CS4 平均值 2.6 h）却小于涨转落过程出现的低流速时段（CS0 ~ CS4 平均值 4.6 h）。总体来看，北槽纵向 CS0 ~ CS4 各测点的沿程差异不明显。

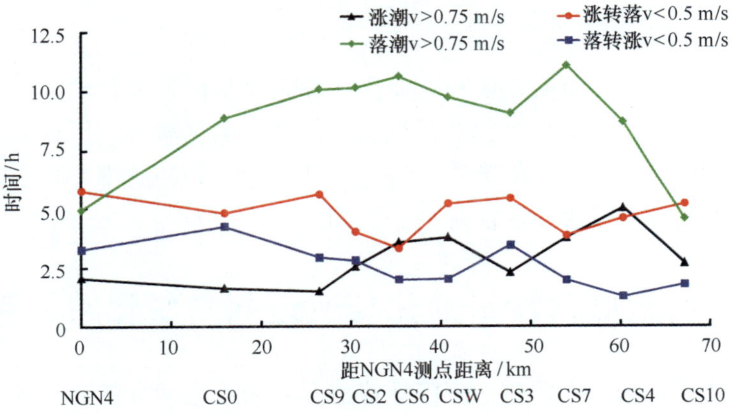

图 9 – 9　一个全潮周期内北槽底层高流速和低流速出现的时间

注：2012 年洪季大潮。

高、低流速时段对应的含沙量变化表明（图 9 – 10），涨潮高流速时段北槽中段含沙量最高。随后，涨潮动力减弱，但水体仍缓慢向上输移含沙量。之后，进入持续时间较长的涨转落低流速时段。涨转落低流速时段内，泥沙落淤含沙量有所下降。

进入落潮期，存在较长时间的落潮高流速时段，河床泥沙起悬，北槽中下段底层水体的含沙量又有所升高。随后，落潮动力减弱，但水体仍缓慢向下输移。之后的落转涨低流速时段持续时间短。图 9 – 11 显示，落潮高流速时段到落转涨低流速时段，北槽中上段（CS3 测点以上）因泥沙的向下输移和沉降，底层水体含沙量下降；而 CS3 测点以下的区段，含沙量不但没有减小，反而有所增大（可能主要是北槽中上段泥沙向下输移的结果）。以上表明，在落转涨的低流速时段，由于持续时间较短，水体悬浮泥沙的沉降淤积相对不明显。

综上所述，在一个潮周期内，涨潮高流速阶段北槽中段近底层会形成高浊度的水体，为此后涨转落低流速阶段提供了较高的背景含沙量。涨转落低流速阶段水体含沙

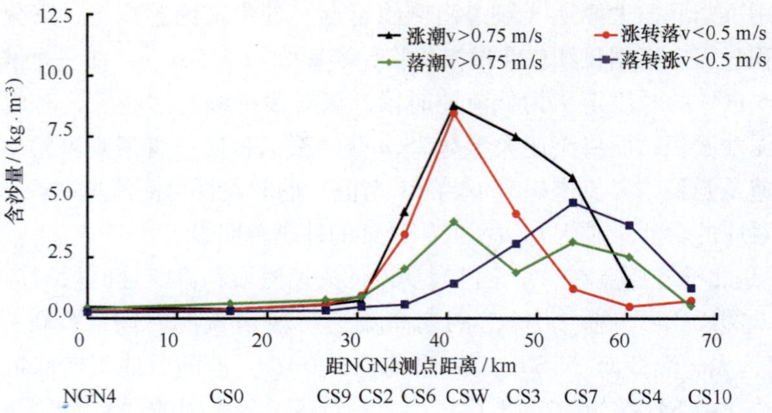

图 9－10　一个全潮周期内北槽底层高、低流速时段对应的含沙量

注：2012 年洪季大潮。

量高、持续时间长，最易于航道淤积。而落潮高流速阶段水体含沙量明显低于涨潮高流速阶段的水体含沙量，随后落转涨低流速的持续时间又较短，因此，落转涨阶段的航道淤积远不如涨转落明显。涨潮阶段河床泥沙的起悬和跨越南导堤、南坝田泥沙的侧向补充，可能是该阶段含沙量较高的主要原因。

9.3　北槽近底含沙量变化与航道回淤变化的关系

航道回淤主要由泥沙的输移、沉降造成的，对于以悬沙落淤为主的北槽航道，其航道淤积应与水体的含沙量，尤其是近底水体的含沙量关系密切。以下分别从空间尺度（纵向沿程变化）和时间角度（年内洪枯季变化），对比分析北槽近底含沙量与深水航道回淤之间的关系。

9.3.1　空间分布

前文分析可知，北槽中部存在含沙量高于上下游的最大浑浊带。最大浑浊带随涨落潮流上下移动，从一个潮周期内的平均情况来看，最大浑浊带的核心主要位于北槽中下段。

12.5 m 深水航道观测的北槽含沙量纵剖面见图 9－12。由图可知，2010 年和 2012 年为丰水年，2011 年是枯水年，因此，2011 年北槽最大浑浊带位置分布较 2010 年和 2012 年偏上。而北槽航道的回淤分布与当年最大浑浊带的分布具有一定的对应关系，即 2010 年和 2012 年由于径流量较大，北槽航道的主要回淤部位亦较径流量较小的 2011 年偏下。

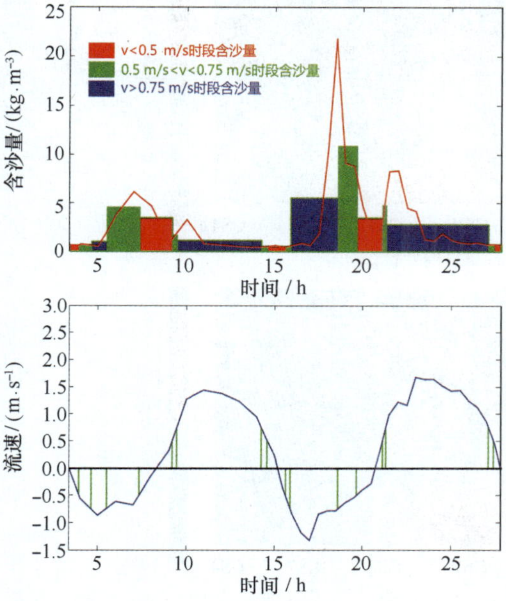

a. CS6测点

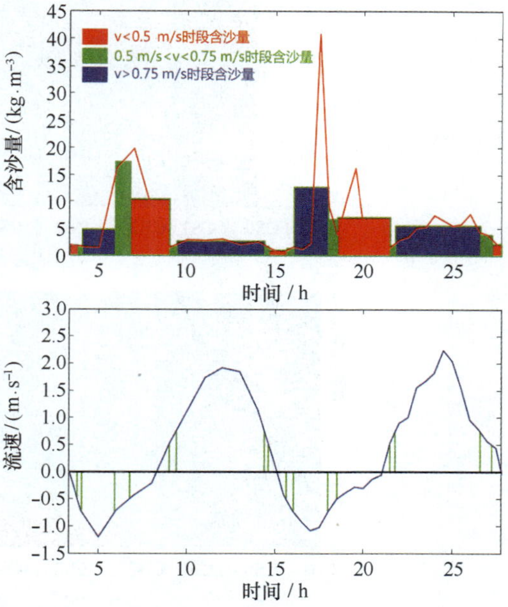

b. CSW测点

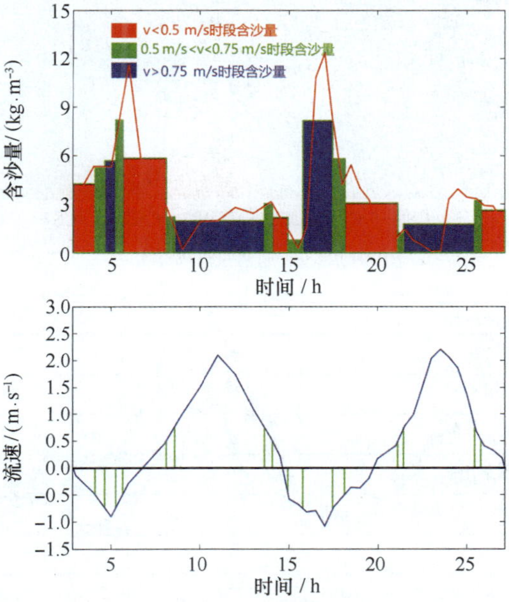

c. CS3测点

图 9－11　北槽中段各测点近底层流速、含沙量变化过程

注：2012 年洪季大潮；在一个涨落潮过程中流速大于 0.5 m/s 且小于 0.75 m/s 时段对应的含沙量定义为平衡含沙量，流速大于 0.75 m/s 时段内含沙量为高流速期含沙量，流速小于 0.5 m/s 时段内含沙量为低流速期含沙量。

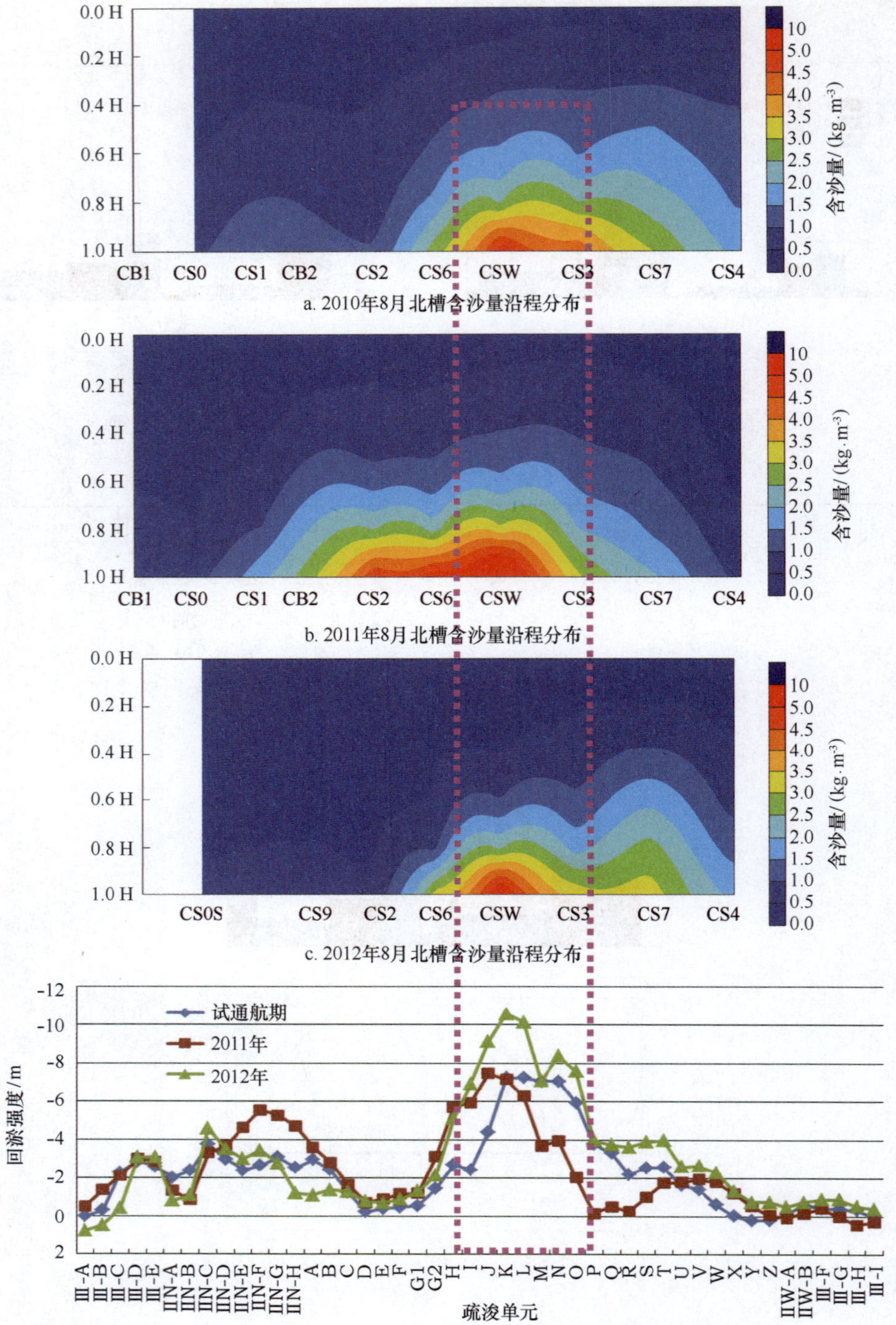

a. 2010年8月北槽含沙量沿程分布

b. 2011年8月北槽含沙量沿程分布

c. 2012年8月北槽含沙量沿程分布

d. 维护期12.5 m深水航道回淤强度沿程分布

图 9－12　北槽深水航道回淤强度与含沙量分布关系（据季岚）

9.3.2 洪枯季变化

图 9 - 10 是 2012 年洪、枯季航道回淤强度纵向变化与实测底层含沙量变化的关系。由图 9 - 12 可知，由于最大浑浊带的存在，使得北槽中下段水体含沙量总体上较其上、下游高。相对而言，洪季北槽中下段底层水体含沙量更大，对应部位的航道回淤强度也更高；枯季底层水体含沙量相对较小，相应的航道回淤强度也较小。同时，洪季北槽高含沙浓度区整体较枯季偏下，而深水航道的主要回淤部位也相应地较枯季偏下。总体来看，洪枯季含沙量的大小、分布与航道回淤强度的大小、分布，均展现出较好的对应关系。

9.4 小结

现场观测表明，12.5 m 航道所在的北槽河段仍是最大浑浊带的常驻区段。北槽最大浑浊带近底高含沙水体随涨落潮流上下输移，摆动范围主要在北槽中下段。

大潮到小潮期间，最大浑浊带近底高含沙水体净向上输移，含沙量下降，泥沙落淤。

一个潮周期内涨潮转落潮低流速历时长，北槽近底含沙量高，是主要的淤积时段。涨潮后期到落潮初期，南导堤越堤泥沙输入北槽，此时北槽存在着由南坝田—南边滩—主槽的横向水沙输移。

北槽航道回淤变化与近底含沙量变化的关系表明，北槽航道回淤的峰值区段与最大浑浊带的位置具有一致性，而航道回淤强度的洪枯季变化与最大浑浊带含沙浓度的洪枯季变化亦具有相关性。由此进一步说明，北槽航道的回淤主要由悬沙淤积，尤其是最大浑浊带近底高含沙水体运动造成的。

第10章　长江口12.5 m航道北槽回淤变化的动力机制

长江口深水航道回淤原因复杂，影响因素多。一般而言，影响航道回淤的因素有动力因素，如径流、潮流、波浪、泥沙等；地形因素，如航道的滩槽高差等；人工因素，如疏浚施工活动等。

北槽航道位于长江口的拦门沙水域，航道回淤存在明显的洪枯季变化，其中洪季半年航道回淤量占全年的85%以上。就地形因素来看，年内洪枯季并没有太大的差异，因此，影响北槽航道回淤洪枯季变化的主要因素应该是动力因素。

长江口水域主要动力因素有径流、潮汐、水温、波浪、含沙量、盐度等，其中径流、潮汐、水温、波浪为影响航道回淤的相对独立因素，而含沙量、盐度则受径流、潮汐和水温等因素的影响而发生变化，是非独立的因素。以下就常态条件下（暂不考虑波浪因素）洪、枯季变化的主要因素及其对北槽航道回淤的影响进行分析。

10.1　洪、枯季变化的主要动力因素

10.1.1　径流

受流域降雨的影响，长江口的径流年内存在洪、枯季的变化。据多年资料统计，洪季半年长江来水量占全年的70%以上，每年8月径流最大，2月径流最小。2010年以来，大通流量洪枯季变化情况见表10－1。2010—2012年，洪季的8月平均流量约45 000 m^3/s，枯季的2月平均流量约15 000 m^3/s。据12.5 m航道开通以来资料的统计，大通流量从20 000 m^3/s增加至50 000 m^3/s，航道回淤分布（重心）位置下移8～10 km。

表10－1　大通流量洪、枯季变化情况

年份	平均流量/（$m^3 \cdot s^{-1}$）				洪枯差异	
	洪季半年	8月	枯季半年	2月	洪季/枯季	8月/2月
2010	42 345	51 236	22 293	15 471	1.9	3.3
2011	27 241	30 048	15 102	13 971	1.8	2.2
2012	40 040	53 435	23 302	15 628	1.7	3.4
平均	36 542	44 906	20 232	15 023	1.8	3.0

注：表中洪季指6—11月的半年，1—5月、12月为枯季，下同。

10.1.2 潮汐（平均潮位和潮差）

长江口潮汐不仅存在 15 d 的大、中、小潮周期性变化，年内各月间的平均潮位和平均潮差也存在明显的高低变化。据现场观测，上海沿海海平面年内呈低—高—低的变化态势，6—11 月的海平面整体高于常年平均海平面，其他时段则低于常年平均海平面（图 10 - 1）。长江口北槽中站的潮位资料统计表明（图 10 - 2），与海平面变化相对应，年内 8—9 月平均潮位最高，1—2 月平均潮位最低，最高、最低相差 40 ~ 50 cm。

潮差代表潮动力的强弱。从月平均潮差变化来看，年内亦呈现 8—9 月大，1—2 月小。月平均潮差最高、最低相差 30 ~ 40 cm。

总体来看，平均潮位和平均潮差年内的变化与径流的洪枯季变化、水温的高低变化基本同步。洪季平均潮差的增大表明潮流更加强劲，本地泥沙再悬浮能力增强。洪季平均潮差的增大和海平面的增高，使得南导堤越堤进入北槽的潮量和沙量均要明显大于枯季，从而为北槽提供了更多的泥沙来源，增大了洪季北槽水体的含沙量。

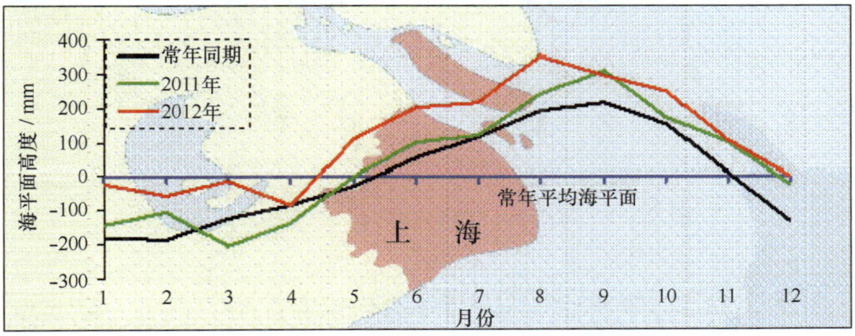

图 10 - 1 上海沿海海平面变化（据 2012 年中国海平面公报）

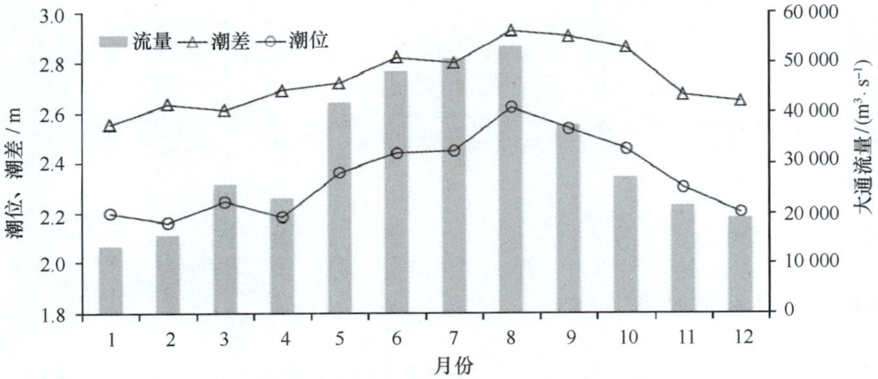

图 10 - 2 2012 年大通站月平均流量与北槽平均潮位、潮差的变化过程

10.1.3 水温

每年长江口径流量较大的洪季，同时处于我国气温较高的夏季和秋季。洪季水温的升高有利于细颗粒泥沙的絮凝。图 10－3 是月平均流量与月平均水温的关系。由图可知，年内流量的变化过程与水温变化过程基本一致，水温变化略滞后径流变化。7 月、8 月、9 月 3 个月基本是长江口径流最大和水温最高的时段。据 2010—2012 年 3 年资料统计（表 10－2），洪季 8 月长江口的平均水温约 28.7℃，枯季 2 月平均水温约 6℃。

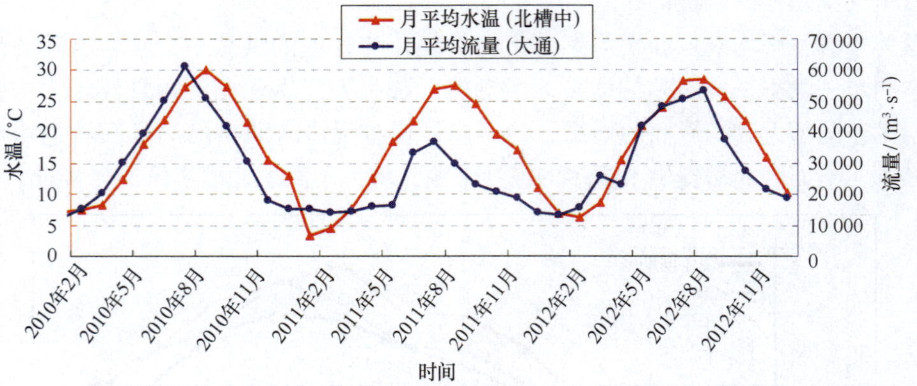

图 10－3　2010 年以来月均流量与月均水温的变化

表 10－2　长江口表层水温洪、枯季变化

年份	平均水温/℃				洪枯差异	
	洪季半年	8 月	枯季半年	2 月	洪季/枯季	8 月/2 月
2010	24.0	30.1	11.0	7.4	2.2	4.1
2011	22.9	27.4	9.6	4.5	2.4	6.2
2012	24.1	28.6	11.4	6.2	2.1	4.6
平均	23.7	28.7	10.7	6.0	2.2	4.8

注：本表数据来自北槽中站。

10.1.4 背景含沙量

长江口水体含沙量总体呈洪季大、枯季小的变化特点。据历史资料统计，洪季平均含沙量约 1 kg/m^3，枯季约 0.5 kg/m^3。近 30 年，长江来沙呈减小趋势，尤其是 2003 年三峡蓄水以来，流域来沙减小更加明显。分析表明，长江来沙减小主要由于洪季来沙减小所致。洪季流域下泄水体的含沙量明显下降，使得洪、枯季水体含沙量的差异

变小。据2010—2011年大通站资料统计（表10－3），长江洪季来水的平均含沙量约0.15 kg/m³，枯季约0.10 kg/m³。

表10－3　大通站水体含沙量的洪、枯季变化

年份	平均含沙量/（kg·m⁻³）				洪枯对比	
	洪季半年	8月	枯季半年	2月	洪季/枯季	8月/2月
2010	0.17	0.2	0.13	0.09	1.36	2.29
2011	0.12	0.11	0.06	0.04	1.85	2.86
平均	0.15	0.16	0.10	0.07	1.61	2.58

流域水体进入河口后，受潮汐和风浪的影响，泥沙发生沉降与再悬浮过程，河口水体的含沙量呈现出大潮大、小潮小和大风浪期骤增的变化特征。以2012年2月、8月北槽中段6条垂线的大、中、小潮测验资料统计（表10－4），洪季大中小潮平均含沙量约0.70 kg/m³，枯季约0.51 kg/m³。若不考虑短期大风浪对含沙量骤增的影响，洪季径流输沙量大、潮动力强（平均潮差大），可能是洪季长江口拦门沙段水体含沙量整体较枯季大的主要原因。此外，长江口南槽水体含沙量通常高于北槽，洪季平均潮位的升高，导致跨越南导堤由南槽向北槽水沙输移量增强，亦是北槽洪季含沙量高于枯季的原因之一。

表10－4　北槽中段水体含沙量的洪、枯季变化（kg/m³）

潮型	测点名称	洪季			枯季		
		航北	航南	平均	航北	航南	平均
大潮	CS6	0.56	0.82	0.69	0.61	0.73	0.67
	CSW	0.81	1.24	1.03	0.64	0.98	0.81
	CS3	1.41	1.09	1.25	0.64	0.98	0.81
小潮	CS6	0.48	0.33	0.40	0.23	0.24	0.24
	CSW	0.63	0.44	0.54	0.20	0.34	0.27
	CS3	0.40	0.19	0.30	0.28	0.28	0.28
平均		0.72	0.69	0.70	0.43	0.59	0.51

注：本表数据来自2012年8月现场观测；测点位置见图5－1。

10.2 北槽航道回淤洪枯季变化的动力机制

10.2.1 主要因素变化对北槽最大浑浊带的影响

10.2.1.1 径流变化对北槽最大浑带部位的影响

北槽处于盐淡水交汇的区段。径、潮流力量的对比决定着盐淡水交汇的位置和盐淡水的混合程度。潮汐主要存在着大、中、小潮15 d的周期性变化，年内各月平均潮差仅相差30~40 cm。因此，从洪枯季的时间尺度来看，径流是控制北槽盐水楔位置和盐淡水混合的主要因素。在相同的潮汐条件下，径流增大，盐水楔位置下移，盐淡水混合减弱，分层趋于明显。而径流减小，则盐水楔位置上提，同时盐淡水的混合增强。

图10-4、图10-5是潮差基本相当的情况下，由于洪枯季径流条件的差异引起的北槽盐水入侵变化。由图可知，大通流量由枯季的约15 000 m^3/s 增加到洪季的57 000 m^3/s，最佳絮凝盐度7~12的锋面位置大潮期下移14~18 km，小潮期下移3~5 km，平均下移约10 km。

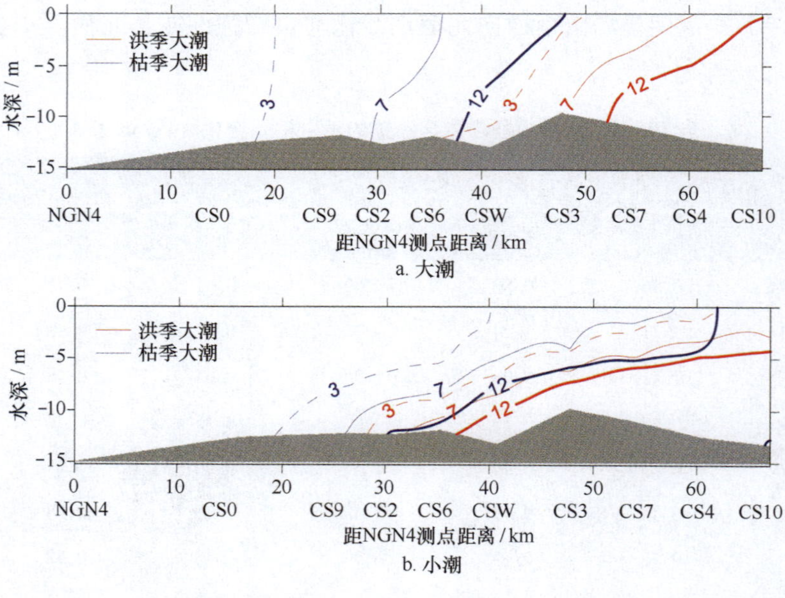

图10-4 2012年北槽含盐度纵剖面分布洪枯季对比

洪季随着径流的增大，北槽的盐淡水分层更加明显。以分层系数统计，无论大、小潮，洪季北槽中下段（CS2~CS7区段）盐度分层系数均大于1，表明洪季北槽盐淡水长时段处于高度分层状态。而枯季大潮，北槽盐淡水则处于缓混合状态。洪季盐淡水的高度分层扼制了水流的紊动，不利于再悬浮泥沙的向上扩散，使得泥沙易在河床

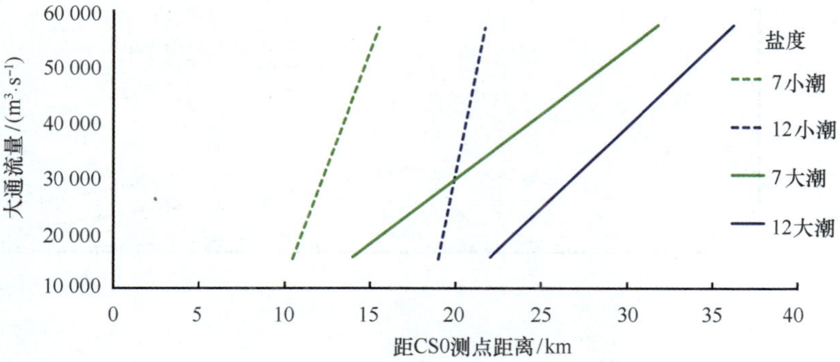

图 10－5　7、12 特征盐度位置随大通流量变化

底层集聚，增加北槽最大浑浊带的含沙浓度。

另外，盐淡水的分层易形成盐度密度流。盐度密度流与涨潮方向一致，起到了增加涨潮流速、减小落潮速度的作用。尤其是在小潮期间，随着潮汐动力的减弱，盐水楔发育更加明显，盐水密度流的作用相对增强，使得北槽中下段产生滞流点。以 2012 年资料统计（图 10－6），枯季小潮滞流点位置大体位于北槽中段的 CSW 测点附近，洪季则位于 CS3 测点附近。洪季较枯季下移约 10 km。

总体来看，无论洪季还是枯季，影响最大浑浊带形成的 3 个主要因素即最佳絮凝盐度的位置、盐度分层系数最大的位置、滞流点出现的位置基本都位于北槽中下段。洪季较枯季因径流的增大，使得北槽盐淡水锋面和滞流点的位置下移，促使最大浑浊带的活动部位下移。同时，洪季丰沛的径流使得北槽盐淡水混合减弱，盐度分层加剧，扼制了底层泥沙的向上扩散，导致最大浑浊带含沙浓度升高。图 10－8 是北槽最大浑浊带的位置和盐度的分布关系。

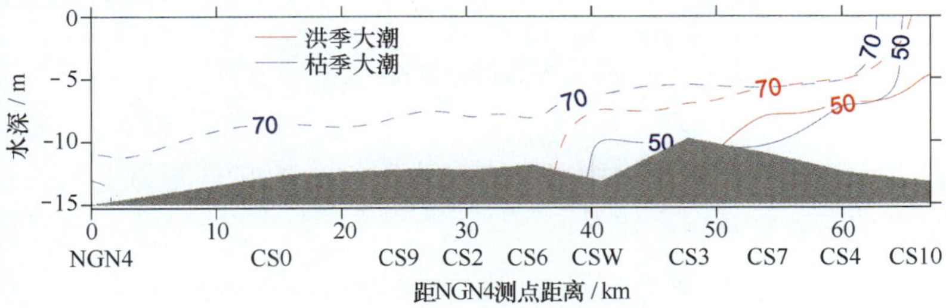

图 10－6　2012 年北槽洪枯季优势流变化（%）

10.2.1.2　平均潮位、潮差变化对北槽最大浑浊带含沙浓度的影响

长江口拦门沙水域洪季水体含沙量高于枯季。同时，南槽含沙量较北槽高。洪季平均潮位的升高和平均潮差的增大，使得河口泥沙再悬浮能力增强，南导堤越堤进入北槽的沙量增多（图 8－3），从而为北槽提供了更多的泥沙来源，增大了洪季北槽背景水体的含沙量。另外，北槽中段落潮流速较上下游大（图 10－9）。尤其是洪季，平均

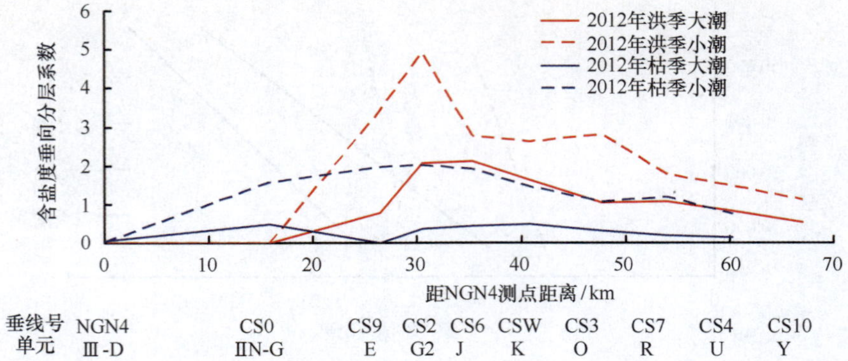

图 10－7　北槽盐度分层系数沿程变化

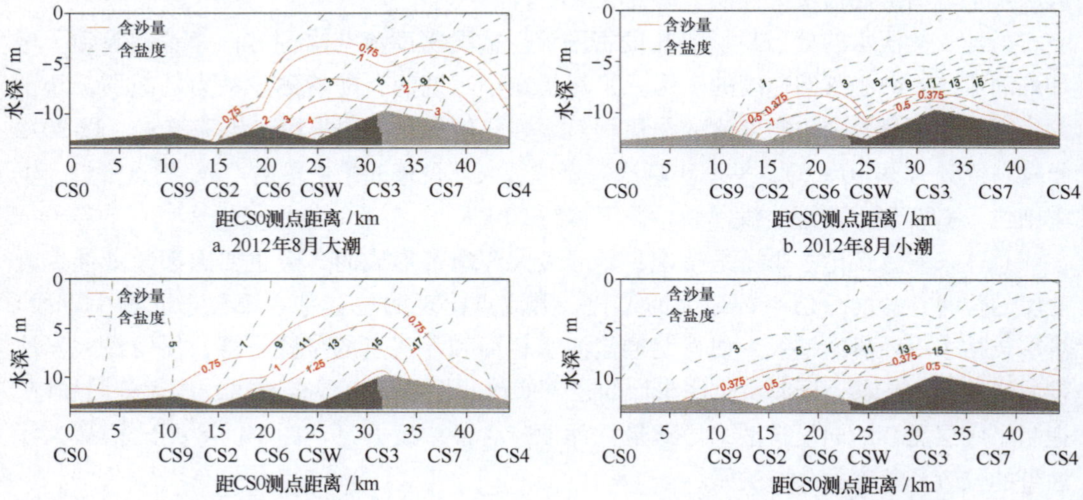

a. 2012年8月大潮

b. 2012年8月小潮

c. 2012年2月大潮

d. 2012年2月小潮

图 10－8　最大浑浊带的位置和盐度的分布

潮差增大、潮动力增强后，使北槽中段落潮动力即泥沙的起悬能力更加强劲，为北槽最大浑浊带提供更多的底部泥沙补充。

10.2.1.3　水温、含沙量变化对最大浑浊带含沙浓度的影响

每年来水量丰沛的洪季处于我国的夏季和秋季，使得同期长江口的水温整体较枯季高。研究表明，水温的升高可增大细颗粒泥沙的沉降速度。图 10－10 是室内静水沉降试验的结果。由图可知，随着温度的上升，沉速呈增大的态势。但当背景水体含沙量为 1 kg/m^3 时，温度对沉速的影响不太明显。而含沙量为 4.5 kg/m^3 时，温度对沉速的影响较明显，温度从 14℃变化到 30℃时，沉速从 0.25 mm/s 升高至 0.42 mm/s，约为 1.7 倍。

洪季长江口北槽含沙量的垂向差异较枯季更加明显。洪季北槽表层水体含沙量多

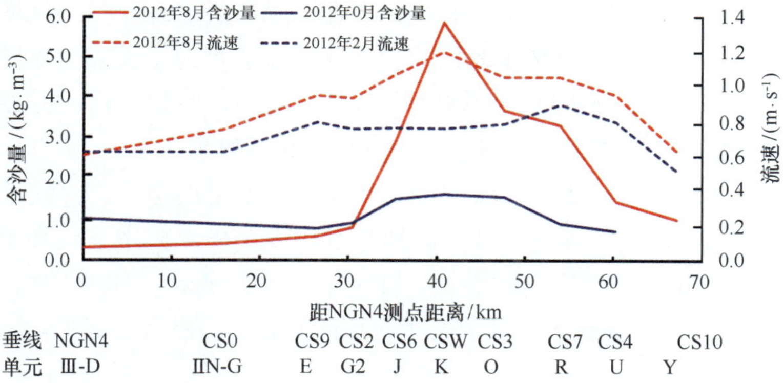

图 10－9　底层落潮流速与底层含沙量的关系（大潮）

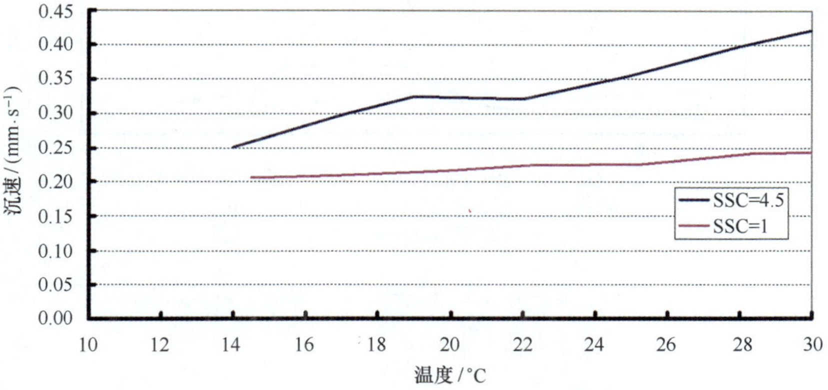

图 10－10　温度对沉速的影响（据万远扬）

注：试验水体的盐度为 7。

在 0.1 ~0.5 kg/m³，但底层水体含沙量常在 2 ~5 kg/m³。根据沉速试验公式，选取 2012 年 2 月和 8 月北槽中段实测的盐度、含沙量，计算相应的代表沉速，见表 10－5。

表 10－5　北槽中段洪枯季泥沙沉速

潮型		2012 年 2 月（枯季）			2012 年 8 月洪季		
		代表盐度	代表含沙量/(kg·m⁻³)	代表沉速/(mm·s⁻¹)	代表盐度	代表含沙量/(kg·m⁻³)	代表沉速/(mm·s⁻¹)
表层	大潮	9	0.5	0.05	0.8	0.2	0.02
	小潮	3	0.1	0.02	0.3	0.1	0.02
底层	大潮	14.5	1.5	0.21	4.5	5.6	0.36
	小潮	18	0.9	0.14	17	1.5	0.23

注：计算数据来自北槽中段的 CSW 垂线。

由表可见，洪枯季表层泥沙的沉速差异不大，但底层因含沙量、盐度差异导致的沉速差异明显，洪季底层沉速明显较枯季大。此外，从垂向看，表、底层因含沙量的差异，使得沉速差异也十分明显，即越靠近河床底层、含沙量越高，泥沙也越易向下沉降，这种含沙量的垂向差异会导致悬沙进一步向底层集聚。

以上分析表明，洪季长江口水温的升高和水体含沙量的增大，可使盐淡水交汇处泥沙的沉降速度加大，从而有利于悬浮泥沙自水体表层向水体中下层集聚。加上洪季相对较强的潮流动力（泥沙起悬能力强）和良好的盐度分层（抑制近底再悬浮泥沙的向上扩散），使得洪季北槽最大浑浊带近底含沙浓度进一步提高（图10－11）。

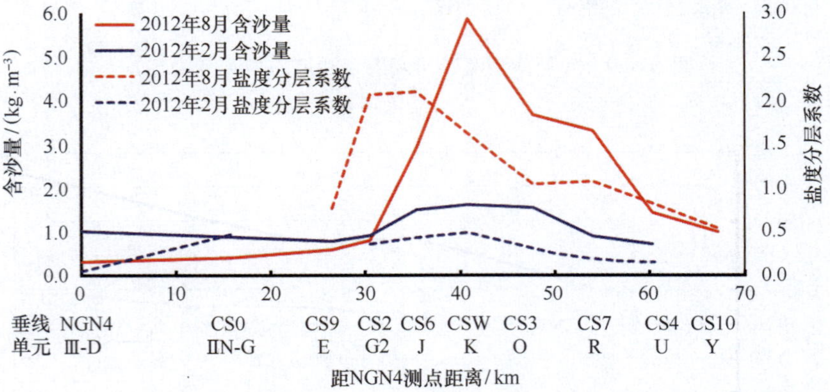

图10－11　盐度分层系数与底层含沙量的关系（大潮）

10.2.2　洪、枯季主要因素变化及其对北槽航道回淤影响机制

12.5 m航道所在的北槽河段，呈现典型的最大浑浊带水、沙输移特征。北槽处于盐淡水交汇的水域，盐淡水交汇引起的细颗粒泥沙的絮凝沉降、盐度分层和滞流点出现，是北槽最大浑浊带形成的主要原因。

洪季由于径流的增大、水温和背景水体含沙量的升高，使得北槽盐淡水交汇的位置下移，细颗粒泥沙的沉速加大，进而导致最大浑浊带的位置下移和含沙浓度的升高。而洪季平均潮位的升高，增强了北槽与南槽、九段沙滩面的泥沙交换，进一步提升了北槽的背景含沙量。除此之外，洪季因径流增大引起的盐度分层变好和因潮差增大（潮动力增强）引起的底层起悬能力增强，也共同促使近底层形成更高的含沙量。

北槽航道回淤洪季大、枯季小以及洪季回淤部位下移的时空变化规律与北槽近底水体含沙量的时空变化符合性较好（图5－10），进一步表明北槽航道的回淤应以悬沙淤积为主。而长江口洪枯季发生变化的径流、平均潮位、潮差、水温和含沙量等因子，是影响北槽含沙量场即最大浑浊带变化的主要因素，从而影响北槽航道回淤的洪、枯季变化。综上分析，绘制了洪、枯季变化的主要因素对航道回淤影响的关系图（图

10－12）。

由图 10－12 可以看出，径流变化主要引起盐淡水交汇锋面位置的纵向变化，控制着最大浑浊带的活动部位，进而影响航道回淤位置的纵向变化。而洪季水温升高和背景水体含沙量的增大，促使细颗粒泥沙絮凝沉速加大，加上洪季潮动力增强引起泥沙的再悬浮能力的增强和分层明显的盐淡水对悬沙向上扩散的抑制作用，使得洪季北槽近底含沙量（最大浑浊带的含沙浓度）明显较枯季高，进而增大了洪季北槽的回淤强度。

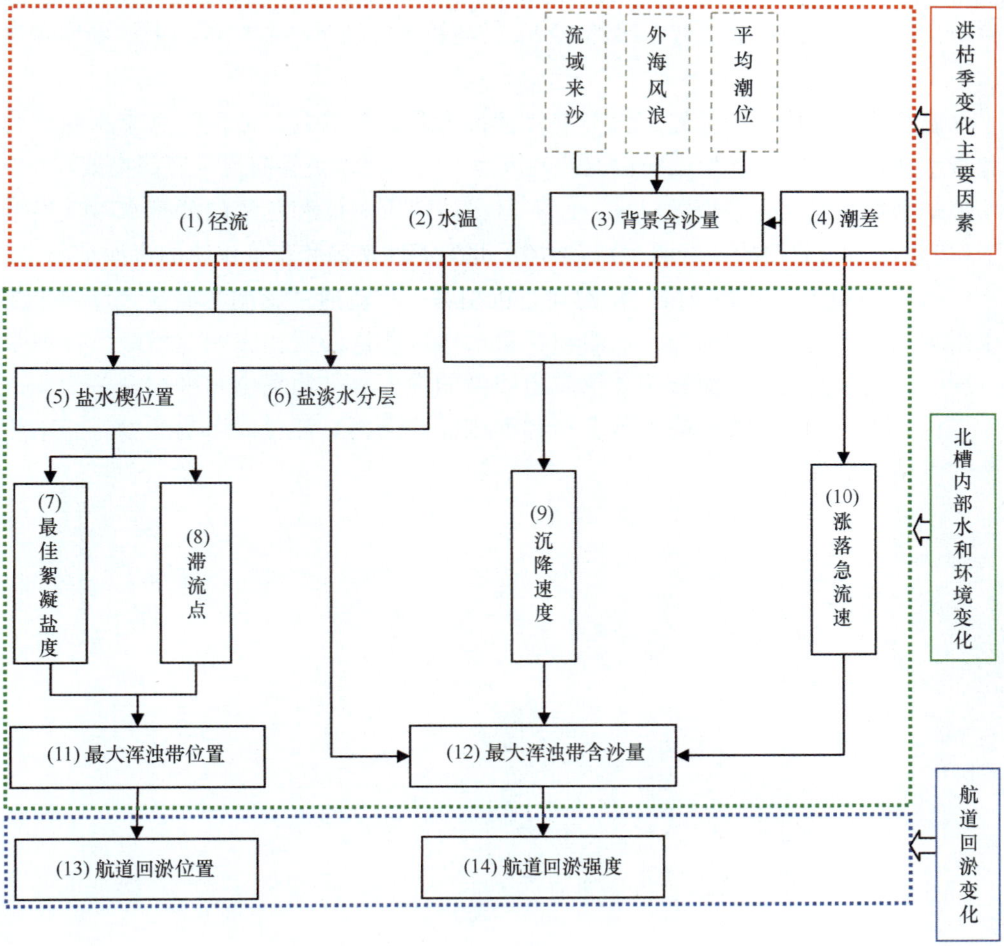

图 10－12　洪、枯季主要因素变化及其对北槽航道回淤影响的关系

10.3 小结

通过长江口洪枯季变化的主要动力因素及其对北槽水沙条件的影响分析，初步揭示出北槽航道洪枯季回淤变化的动力机制。分析表明，影响北槽航道洪枯季回淤变化的主要因素有径流、潮汐（平均潮位和潮差）、水温和含沙量。

径流变化影响北槽最大浑带的位置。径流的洪枯季变化直接影响北槽盐淡水交汇（最佳絮凝盐度区、滞流点）的位置，进而影响北槽最大浑带的位置。统计表明，洪季较枯季盐度 7～12 的锋面位置下移约 10 km，与最大浑浊带核心位置的下移幅度基本一致。

水温和背景水体含沙量的变化影响北槽最大浑浊带的含沙浓度。洪季水温的升高和背景水体含沙量增大，使细颗粒泥沙的沉速加大，泥沙更易向河床底部集聚。

洪季平均潮差大、平均潮位高，使河口泥沙的再悬浮和北槽的滩槽水沙交换增强（南导堤越堤输入北槽的沙量增大），增加了北槽泥沙来源和背景水体的含沙量。

12.5 m 航道洪、枯季回淤变化的动力机制为：径流通过影响北槽最大浑浊带的部位来影响北槽航道回淤的部位，水温和背景水体含沙量的变化影响北槽最大浑浊带含沙浓度的洪枯季变化，进而影响北槽航道回淤的强度。平均潮位和平均潮差变化的洪枯季变化主要影响北槽内外的水沙交换和河床泥沙的再悬浮，即影响北槽背景水体含沙量的洪枯季变化。

参考文献

陈吉余．1983. 有关长江河口治理的几个关键性问题．海洋科学，(2)．

陈吉余．1995. 长江口拦门沙及水下三角洲的动力沉积、演变和深水航道治理［J］．华东师范大学学报（长江口深水航道治理与港口建设专辑）：1－22.

陈吉余．2009. 21 世纪的长江河口初探［M］．北京：海洋出版社.

陈志昌，顾佩玉，朱元生，等．1995. 长江口深水航道研究［J］．水利水运科学研究，(3)：210－220.

陈志昌，乐嘉钻．2005. 长江口深水航道整治原理．水利水运工程学报，(1)：1－7.

窦国仁．1999. 长江口深水航道工程泥沙问题的数学模型研究［R］．南京水利科学研究院河港所研究报告.

冯俊．2011. 浮泥发育时双频回声测深误差及其对适航水深监测的影响［J］．水运工程，(8)：83－87.

季岚，等．2008. 长江口深水航道治理三期工程减淤工程措施深化研究综合分析报告［R］．上海：中交上海航道勘察设计研究院有限公司.

金镠，黄咏烨．2005. 长江口深水航道治理工程在河口整治技术上的若干新进展［G］// 中国土木工程学会港口工程分会港口工程分会技术交流文集．北京：人民交通出版社.

金镠，虞志英，何青．2013. 滩槽泥沙交换对长江口北槽深水航道回淤影响的分析［J］．水运工程，(1)：101－108.

金镠．2001. "导流、挡沙、减淤"——长江口深水航道治理设计思想的新飞跃——纪念敬爱的窦国仁院士［J］．海洋工程，19 (3)：3－4.

乐嘉钻，周海，郭豫鹏．2006. 长江口深水航道治理工程前期研究工作综述和总体治理方案的确定［J］．水运工程，(S2)：1－9.

李为华，刘高峰．2011. 长江口深水航道浮泥现场观测研究专题报告［R］．上海：上海河口海岸科学研究中心.

刘杰，陈吉余，徐志扬．2008. 长江口深水航道治理工程实施后南北槽分汊段河床演变［J］．水科学进展，19 (5)：605－612.

刘杰，程海峰，王元叶，等．2013. 长江口 12.5 m 深水航道大风浪后浮泥变化分析［J］．水运工程，(11)：55－60.

刘杰，程海峰，赵德招，等．2013. 长江口 12.5 m 深水航道悬沙浓度时空分布特征［J］．水运工程，(11)：49－54.

刘杰，程海峰，赵德招．2014. 长江口 12.5 m 深水航道回淤特征［J］．水科学进展，25 (3)：358－365.

刘杰，徐志扬，赵德招，等．2009. 长江口深水航道（一、二期工程）回淤变化［J］．泥沙研究，(2)：22－28.

谈泽炜，范期锦，郑文燕，等．2009. 长江口北槽航道回淤原因分析［J］．水运工程，(6)：91－102.

万远扬．2013. 长江口泥沙特性室内试验［R］．上海：上海河口海岸科学研究中心.

王谷谦．1994. 长江口拦门沙航道演变规律研究［R］．上海航道局.

王元叶，王钟演．2014. 长江口南巷—北槽深水航道常态回淤原因研究（2013 年度）附件 4：水槽近底水沙运动坐底三脚架观测报告［R］.
韦直林，工运辉，付小平．2002．河口拦门沙问题初探［J］．海河水利，(1)：33－34.
熊绍隆．2011．潮汐河口河床演变与治理［M］．北京：中国水利水电出版社.
徐海根，徐海涛，李九发．1994．长江口浮泥层“适航水深”初步研究［J］．华东师范大学学报（自然科学版），(2)：91－97.
张栋梁，姚金元．1993．长江口北槽挖槽段泥沙淤积特性研究．泥沙研究，(3)：66－78.
张华，阮伟．2002．长江口北槽深水浮泥的研究与应用［J］．水运工程，(10)：98－102.
张志忠，阮文杰，蒋国俊．1995．长江口动水絮凝沉降与拦门沙淤积的关系［J］．海洋与湖沼，26(6)：632－638.
赵德招，刘杰，吴华林．2012．近十年来台风诱发长江口航道骤淤的初步分析［J］．泥沙研究，(2)：54－60.
Dronkers J. 1998. The morphodynamics of the Dutch Delta// Dronkers J. Scheffers M B A M. The Physics of Estuaries and Coastal Seas. Balkema, Rotterdam, 297－304.
Officer C R. 1975. Physical Oceanography of Estuaries. New York.
Prichard D W. 1967. What is a estuary? Physical viewpoint in estuaries, AAAS. pub, 3－5.
Simmons H b, Brown F R. 1969. Salinity Effects on Estuarine Hydraulics and Sedimentation. I. A. H. R. Proc of the Thirteenth Congress, 13th congress, Vol. Ⅲ. 311－326.
Wright L D. 1985. River deltas. //Davis R A Jr. 1985. Coastal Sedimentary Environments. 5－68.